M. JACQUINET

DES PROBLÈMES

DE LA VIE ET DE LA MORT

ET

DE QUELQUES QUESTIONS SOCIALES

QUI S'Y RATTACHENT

Librairie académique PERRIN et Cie

DES PROBLÈMES

DE LA VIE ET DE LA MORT

DU MÊME AUTEUR

Essai de Philosophie pour tous, 1 vol. in-12.

(PERRIN ET Cie, librairie académique.)

DES PROBLÈMES
DE LA VIE ET DE LA MORT

ET

DE QUELQUES QUESTIONS SOCIALES

QUI S'Y RATTACHENT

PAR

M. JACQUINET

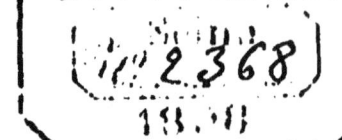

PARIS

LIBRAIRIE ACADÉMIQUE DIDIER

PERRIN ET Cie, LIBRAIRES-ÉDITEURS

35, QUAI DES GRANDS-AUGUSTINS, 35

1898

Tous droits réservés.

DES PROBLÈMES
DE LA VIE ET DE LA MORT
ET
DE QUELQUES QUESTIONS SOCIALES
QUI S'Y RATTACHENT

Si la mort préoccupe encore les gens qui pensent et réfléchissent, il faut convenir que pour le plus grand nombre des hommes tout ce qui semble mériter attention se passe uniquement entre ces deux termes, le berceau et la tombe — ces deux muets; — et d'autant plus que la vie est plus active ou plus agitée, que nos besoins naturels ou factices sont plus nombreux et qu'enfin cette existence laisse moins de temps à la réflexion. N'est-ce point dans la nature des choses, du reste? Si la vie doit se terminer par la mort, nous n'en sommes pas moins mis au monde avant tout pour vivre; si nous venions à l'oublier, nos besoins seraient là pour nous le rappeler et leur préoccupation, quoique un peu exclusive, semble, en certaine mesure, dans l'ordre des faits nécessaires.

« La pensée de la mort nous trompe, car elle nous fait oublier de vivre, a dit Vauvenargues. » « Rien ne désole et flétrit la vie comme la crainte de la mort, écrit un autre penseur [1]; que de gens, dit-il, la portent dans la vie même en se disant : ce n'est pas la peine d'entreprendre telle étude, tel travail, parce que je suis trop vieux pour l'achever ! Comme si l'on achevait jamais quelque chose, comme si la vie entière n'était autre chose qu'espérance, projet, activité, confiance en l'avenir et courage dans le présent. »

Oui, cela est vrai. Les exigences de la vie qui prennent toutes nos pensées, ont d'ailleurs, comme nous le dirons plus loin, une autre raison encore : c'est qu'elles doivent amener la société à un état de progrès tel que chacun se trouve pourvu du nécessaire et soit un jour ainsi assez dispensé de se préoccuper du matériel de l'existence pour qu'il lui soit loisible de porter plus haut ses regards.

Si la pensée de la mort ne doit pas nous *faire oublier de vivre*, comme dit Vauvenargues, elle n'en est pas cependant moins naturelle, et, dans une certaine mesure, moins salutaire : car, pour

---

1. Bonstetten. — Gœthe non plus ne veut pas qu'on se préoccupe de la mort; et ce qu'il recommande à chaque page de *Wilhelm Meister*, c'est l'action et l'exercice de nos facultés.

être tant absorbé par le soin du voyage, on n'en est pas moins amené à se demander où l'on va et s'il y a plus d'un chemin.

Les emportements de la vie qui font oublier la mort ou qui la bravent, le plaisir, la passion, la lutte, la guerre, ont été de toutes les époques, quoique avec des différences de nature; nos ancêtres barbares étaient autant préoccupés de guerres et de batailles, que nous, aujourd'hui, d'affaires et de plaisirs mondains, qui absorbent toutes nos pensées. Il n'en faut pas moins pour faire perdre de vue un moment inévitable et qui, sans cela, devrait davantage troubler notre esprit.

Le retentissement en nous de la nature et de la vie a au moins une note triste, c'est celle de la mort et des choses qui finissent; choses du passé, à jamais anéanties, quelle mélancolie enveloppe leur cher ou lointain souvenir! Et plus nous réfléchissons, plus cette note triste domine. Mais les agitations de l'existence parviennent à l'étouffer; en fait, la mort n'est cruelle que pour celui qui a le loisir d'y penser.

Et encore voit-on les religions, la foi à une autre vie, rendre la mort tolérable à la pensée, et de telle sorte même, qu'on l'appelle comme une faveur ou qu'on la brave avec confiance. De nos jours encore, chez les musulmans fanatiques surtout, on a eu plus d'une fois le spectacle de guerriers barbares, se faisant tuer bien inutilement pour aller jouir plus tôt du paradis promis par le prophète. Chez les Chinois encore, le suicide est commun et comme chose sans importance.

Il existe d'ailleurs telles races restées primitives qui sont comme indifférentes à la mort, ainsi qu'à la douleur; on cite particulièrement les Malais et les populations de l'Océanie[1]. Ne serait-ce pas d'ailleurs une vérité générale que moins un peuple est avancé en civilisation, plus il est insoucieux de sa fin, comme si sa pensée, résignée ou engourdie, ne le portait pas jusqu'au regret d'une vie qui n'a pas de prix pour lui.

Dans nos sociétés civilisées, les suicides ne sont pas rares; on se tue et on donne ainsi un démenti aux tendances naturelles qui ont horreur de la mort. On ne peut que plaindre les malheureux pour lesquels, par une cause ou par une autre, le fardeau de la vie est devenu trop lourd. Parmi eux, il en est qui, après avoir scandalisé le monde, se sont ainsi eux-mêmes fait et rendu justice; pourquoi le nier? Mais que dire des jeunes gens, presque des enfants, à peine connaissant la vie, qu'on voit de nos jours se réfugier dans la mort? Cela donne une singulière idée des générations de notre

1. Un voyageur rapporte : « L'un des traits des Malais est le mépris de la mort; ils l'ont transmis avec leur sang aux Polynésiens, qui ne voient en elle qu'un des phénomènes multiples de l'existence, non l'acte suprême, et qui y assistent ou s'y soumettent avec une indifférence profonde. »

époque. Voilà deux désespérés qui s'associent et, dans une étreinte passionnée, veulent confondre leur dernier souffle... Peut-on ne pas condamner de tels égarements et à la pitié qu'ils provoquent, ne pas mêler une sorte d'irritation?

Mais ce sont là des cas exceptionnels; et tandis que des vaincus de la vie fuient une lutte qui leur pèse, ou que des égarés se laissent tenter par la mort, nous voyons aujourd'hui beaucoup de gens qui, trouvant la vie bonne, se réjouissent fort quand les journaux signalent l'existence de centenaires dont le nombre semble augmenter de jour en jour; c'est pour eux comme une espérance de voir reculer l'échéance du moment fatal, et dont ils profiteront.

M. Caro a fait observer quelque part que plus la vie s'améliorera plus il sera dur de la quitter : « Quel désespoir de mourir quand la vie aura été si pleine, dit-il! Tous ces biens terrestres n'ajouteront rien à notre sécurité : l'homme aura toujours à craindre la mort. » Mais jamais non plus il ne manquera de malheureux pour lesquels la mort sera une délivrance. Et même pour les heureux du monde, ne se rencontre-t-il pas aussi des fatigués de la vie, et qui espèrent une autre existence vers laquelle ils aspirent?

Même en dehors de la foi et des religions, l'homme croit en général à une survie; un pressentiment instinctif l'affermit dans cette croyance; le néant l'effraye plus que la mort. « Mourir, dormir ! » dit le triste Hamlet; ce serait également la paix pour lui; le néant ne l'effraye pas, lui; mais il y a un au-delà qui lui fait peur.

Cette crainte n'est pas la seule raison des religions. Est-ce davantage le culte des ancêtres, comme le prétendent M. H. Spencer et son école? Non; il y a encore autre chose sous le sentiment religieux qui est naturel à l'homme; mais, sans doute, le culte des morts a ici une influence incontestable. La mort de nos parents, de nos amis, des personnes qui nous sont chères, fait que nous nous demandons, au milieu de nos larmes : « Est-ce donc pour toujours ?... Et ce grand cœur, ce haut esprit ? Ne reste-t-il rien de lui ? Rien de plus que de l'être infime ou malfaisant ? Rien de plus que de la bête immonde ? » Et l'on n'y peut croire.

Kant, à propos de religion, fait observer qu'un grand nombre de ceux qui croient, esclaves de leurs vices ou de leurs passions, ne songent qu'à échapper frauduleusement aux suites fâcheuses qu'ils redoutent : « Mais jamais âme humaine, ajoute-t-il, n'a pu supporter la pensée que la mort soit la fin de toutes choses, et ses nobles sentimens l'ont toujours portée à l'espérance de l'avenir. »

La philosophie des écoles présente à cet égard des arguments logiques bien connus. Kant, encore ici, tire de l'idée de la justice cette conséquence que comme elle n'existe pas en ce monde, il doit en exister une autre où elle sera satisfaite. L'âme humaine tend vers l'infini, dit-on encore; l'infini ne serait-il donc qu'une chimère? « Notre intelligence, dit M. Jules Simon, ne se nourrit que de l'éternité et il faudrait que l'éternité lui échappe!... »

Qu'est-ce que la vie, qu'est-ce que la mort? Que sommes-nous, où allons-nous? — Questions suprêmes, après tout, et dont il vaut la peine de s'inquiéter. Les religions donnent ici leurs solutions; elles suffisaient autrefois. Qu'en pensent la philosophie et la science de notre temps? Nous n'en serons guère que l'écho dans ces pages.

LA VIE

I

Qu'est-ce que la vie dans la nature?

« A mesure que la vérité qui est dans l'univers visible s'éclaircit et se découvre, celle qui est au delà se laisse mieux découvrir. » Voilà ce qu'écrivait un jour un philosophe français bien connu, M. Damiron. Et il avait raison ; tout, autour de nous, semble se tenir, et la connaissance d'une chose nous met en main l'un des chaînons par lesquels toutes les choses se relient.

Qu'est-ce que la vie dans la nature?

Rappelons-nous sommairement dans quelle gradation se succèdent les choses.

D'abord la matière brute du règne minéral et inorganique, où la science a trouvé, en la décomposant, plusieurs corps simples ou éléments eux-mêmes indécomposables. Cette matière première du monde visible ou sensible s'offre à nous à l'état inerte, avec cette propriété particulière de prendre, dans certaines conditions, et sous le nom de *cristaux*, des formes définies et régulières, diverses pour chacun de ses éléments. A part cette particularité à signaler, c'est ici l'empire des lois physiques et chimiques; on peut dire qu'elles seules y règnent.

Avec les végétaux, une autre force apparaît : la vie, un premier degré de vie. Sous l'action de cette force nouvelle, la matière change d'aspect et se montre accompagnée d'organes qui fonctionnent pour produire une sorte de mouvement, particulier à la nature végétale : effet d'un commencement d'organisation.

Car il existe un mouvement jusque dans les végétaux. Mais ce n'est qu'à un degré plus élevé de la vie, c'est-à-dire chez les animaux, qu'il y a déplacement, transport, et sensibilité. Ici chez les animaux, on rencontre une organisation plus complexe et plus parfaite, et qui s'éloigne encore davantage de l'état brut ou non organisé de la matière.

D'ailleurs, animale ou végétale, la vie se signale par une disposition organique particulière, où la *cellule* — molécule élémentaire — forme l'élément des tissus. Cette cellule est un petit corps revêtant des formes arrondies, qui semblent propres à la nature organisée, tout comme les formes anguleuses des cristaux, semblent particulières à la matière inorganique.

Matière inerte d'abord, simplement organisée

dans les végétaux ensuite, plus vivante enfin dans les animaux, tel est le spectacle que nous offre l'évolution de la matière dans la nature. Et nous y voyons cette évolution se faire par des transformations graduées qui sont à remarquer; rien de brusqué; on l'a dit : « La nature ne fait pas de sauts. » Ainsi, dans les animaux, il existe des êtres qui forment transition des quadrupèdes aux poissons, d'autres, des mammifères aux oiseaux; ainsi en est-il encore pour les deux règnes organiques, entre lesquels il n'y a pas de délimitation nettement marquée : il est des animaux qui ressemblent à des végétaux, comme les polypes, qui croissent en se ramifiant ainsi que des arbres; ou ces singuliers spongiaires, qui, jeunes, appartiennent à un règne, et, adultes, se confondent avec l'autre. Il y a plus : entre la nature vivante et la nature morte, on rencontre des exemplaires qui établissent une sorte de transition de l'une à l'autre, comme ces lichens grisâtres et desséchés qui semblent faire corps avec les pierres auxquelles ils s'attachent.

A propos de la vie sur notre globe, la science de nos jours a fait d'autres observations sur lesquelles il importe de s'arrêter un instant. Ainsi, selon M. John Lubbock et autres, il faut aujourd'hui se ranger à cette opinion que le développement de l'individu est le résumé de celui de l'espèce. Cela résulte pour les biologistes de l'étude des embryons, qui sont, pour chaque espèce, les premiers indices, du mouvement vital; de sorte que, dans son évolution embryonnaire, chaque animal passe par les organismes qui lui sont inférieurs : les embryons des mammifères, des oiseaux, des reptiles, ont été trouvés, dans leur première phase de croissance, d'une ressemblance parfaite entre eux; et de l'identité de cette structure, l'on a conclu à la communauté d'origine. Les divers animaux ne seraient ainsi que les formes multiples de la vie animale arrêtées à des degrés divers, selon les espèces, et dans son évolution l'animal le plus élevé passerait par les types les plus inférieurs [1].

Comme confirmation à ce point de vue, les savans ont cru découvrir en outre une sorte de parallélisme entre le développement embryonnaire et la série paléontologique, c'est-à-dire des animaux fossiles. « Je puis maintenant affirmer un fait qui a un caractère de généralité, dit Aggassiz, c'est que les embryons et les jeunes de tous les animaux actuellement existans, à quelque famille qu'ils appartiennent, sont la vivante mignature des représentans fossiles de leur famille. »

Tout dans la nature s'accomplirait donc dans un

[1]. En se rendant compte de ce mouvement évolutif de la vie, un philosophe belge, M. Thibergien, disait naguère : « Le règne végétal tend vers l'animalité au point culminant de sa vie, mais n'y parvient pas; l'animal aspire à l'humanité dans ses espèces les plus élevées, mais n'y arrive pas; l'homme traverse les cercles inférieurs de la vie dans son évolution embryonnaire, mais ne s'y arrête pas. »

mouvement évolutif et graduel, sous des conditions de temps et de milieux, mais, au fond, en vertu d'une tendance mystérieuse vers un progrès général.

Sans se dissimuler ce qu'il peut y avoir de trop systématique ou de trop absolu dans cette façon de se rendre compte des choses, ou de trop hypothétique encore sur plus d'un point contesté tout ici ne peut être faux; il faut se rendre à l'incontestabilité de certains faits; les philosophes même les plus prudents y souscrivent; et l'on peut conclure avec M. Paul Janet que « tout porte à croire que la nature dans son développement suit la loi de la gradation et du progrès ».

En somme donc, la vie est le dernier pas de l'évolution de la matière. Mais la vie, qu'est-ce que c'est? — La vie semble incontestablement un élément nouveau introduit dans l'ordre des choses de la nature; mais d'où vient-elle, comment peut-elle sortir de la matière morte, et quelle est son essence? Voilà les questions que l'on se pose.

La vie est le résultat des forces physiques et chimiques dans l'organisation, disent les uns, et rien autre chose. Non, disent les autres, la vie constitue un principe particulier et indépendant. « La vie, selon Claude Bernard, est une machine qui fonctionne nécessairement en vertu des propriétés physiques et chimiques de ses éléments constituants; mais ce qu'on ne sait pas, c'est le commencement et le comment de cet organisme. » « Dans tout germe vivant, dit encore le même, il y a une idée créatrice qui se développe et se manifeste par l'organisation. Il existe une propriété évolutrice de l'œuf ou de la cellule, en vertu de laquelle les changemens se font suivant un ordre et un plan invariables, et cette propriété qui n'est ni physique ni chimique, constitue le *quid proprium* de la vie. »

Nous reviendrons à propos de l'homme, sur cette question qui restera peut-être à jamais insoluble. Quoi qu'il en soit, il y a une remarque à faire qu'elle suggère : Plus la vie s'accuse et se complète, plus une certaine intelligence l'accompagne, instinctive ou autre : presque rien d'abord dans les animaux inférieurs, d'une façon plus marquée dans les animaux supérieurs. Leibnitz et Buffon ont cru à cette intelligence des bêtes. « J'accorde tout aux animaux, dit Buffon, à l'exception de la pensée et de la réflexion. » Pour M. Quatrefages, les deux seuls faits qui différencient l'homme des animaux et le constitue en règne à part, c'est la moralité et la religiosité. Agassiz est plus précis encore : il croit à l'existence chez les animaux d'un principe immatériel semblable à celui qui par son excellence place l'homme dans un rang si supérieur : « C'est un fait, dit-il, dont peut témoigner tout chasseur, tout dompteur, tout éleveur, tout fermier possédant une longue expérience. »

Mais c'est l'homme, comme nous allons le voir,

chez qui l'intelligence, la raison, la réflexion, apparaissent en toute évidence. Si donc la vie, quelle qu'en soit l'origine, est comme le dernier acte de l'évolution de la nature, l'homme, lui, est le produit ultime de la vie, et comme son but final. Hegel disait : « L'homme est le dernier mot de la nature; » il ne l'élevait pas trop haut.

II

L'Homme physique.

L'opinion que l'homme est un animal perfectionné n'est plus contestée par la science. Qu'il descende d'un singe ou d'un être disparu, intermédiaire entre le singe et lui, c'est là une autre question. Conséquence forcée, dit-on; oui, peut-être; pourtant il y a des croyants catholiques et autres, qui ne nient pas absolument devant certaines vraisemblances. Dans une brochure récente, très étudiée et très documentée, un jésuite belge [1], tout en s'en tenant à l'enseignement de la Genèse et de l'Église, ne peut s'empêcher de paraître ébranlé par une opinion scientifique sur laquelle il ne semble vouloir jeter que des doutes. « Il y a des

---

1. Dierckz, *l'Homme singe et les précurseurs d'Adam*, Bruxelles, Société belge de librairie.

spiritualistes, il y a des catholiques, dit-il, qui admettent ce système (le transformisme) sans aucun détriment de leurs convictions, ni de leur foi. » Et il cite cette opinion d'un professeur de Sorbonne : « qu'il peut y avoir eu sur la terre des races antérieures à l'Adam biblique » ; et cette autre plus hardie d'un théologien anglais « qu'il est probable que Dieu, en créant Adam n'a pas travaillé sur des matières terreuses — le limon biblique — mais que, par la seule infusion de l'âme humaine — le souffle divin de la Genèse — il a transformé en homme un animal anthropomorphe amené par l'évolution, et sous la conduite de la Providence, au point le plus rapproché de l'humanité ».

Faut-il rappeler ici, au surplus, qu'avant Darwin, Linné avait déjà réuni en un seul ordre, celui des *Primates*, l'homme et le singe.

Longtemps l'homme, même en dehors de ses croyances religieuses, s'est adjugé une plus noble origine. C'est la conséquence d'une tendance naturelle au cœur humain, qui fait que chacun obéissant à la bonne opinion qu'il a de soi, juge son rang un peu ou beaucoup au-dessus de la place à laquelle il a droit : tout bourgeois se croit grand seigneur, tout esprit prétentieux s'accorde du génie, tout petit peuple veut être grande puissance, tout village aspire au rang de ville. Vaines illusions! Il faut se résigner à reprendre la place qui est la nôtre ; l'homme a la sienne à la suite des animaux, qui eux-mêmes, selon la foi, sont comme lui sortis des mains du Dieu créateur.

Qu'est-ce d'ailleurs que l'homme primitif et le sauvage de nos jours? La découverte en notre siècle des vestiges de l'homme préhistorique, nous le signale comme un pauvre être misérable, ayant, ainsi que les bêtes, des cavernes pour refuges, et vivant de chasse ou d'une industrie toute rudimentaire ; l'existence des sauvages qu'on rencontre de nos jours sur diverses parties du globe, donne une idée, sans doute, de ce qu'était la leur il y a plusieurs milliers d'années. Or les nombreux voyageurs, missionnaires ou savans, qui ont parcouru l'Australie, l'Afrique, le continent américain, et se sont mis en contact avec les insulaires de l'Océanie, les Boschmens et les nègres de l'Afrique, les Négritos des Philippines, les tribus de Peaux-rouges de l'Amérique, s'accordent à faire de la plupart de ces êtres un tableau peu séduisant. Au physique, beaucoup ressemblent plutôt à des singes qu'à des hommes; petits, à peau ridée ou couverte de poils, le nez aplati, la bouche grande, les bras longs, avec des ongles pareils à des griffes, tels sont les Négritos des îles Philippines; vivant nus, isolés, sur les arbres ou dans des trous en terre, se nourrissant d'animaux immondes ou de charognes, tels sont les Boschmens ou les nains des forêts africaines; au moral, aucun sentiment humain, aucune croyance, si ce n'est un fétichisme grossier; à peine une société rudimentaire chez quelques-uns et une langue pauvre qui n'est souvent qu'un gazouillement ; à ajouter que beaucoup d'entre eux sont cannibales. Tels sont les sauvages dont on rencontre aujourd'hui encore plusieurs exemplaires. « A voir de tels êtres, dit Darwin, on a peine à croire qu'ils soient nos semblables et habitent la même planète. » Il en est parmi eux si près encore de l'animalité, qu'il ont été trouvés incivilisables, et ont découragé les missionnaires eux-mêmes.

Même parmi les nations civilisées de notre temps, ne voyons-nous pas encore des brutes, sans doute moins sauvages que des Boschmens, mais offrant toutefois une telle différence avec les membres des classes vraiment civilisées, qu'on dirait qu'ils n'appartiennent pas à la même race.

L'homme, qui a reçu en germe les dons de sa nature supérieure, ne peut donc les développer que progressivement et aidé par les circonstances ; c'est ce que lui apprend l'expérience ; c'est même ce que nous apprennent encore tous les jours l'instruction et l'éducation. Nous avons déjà vu la vie inséparable d'un certain degré d'intelligence instinctive chez les animaux. Mais l'instinct intellectuel de l'animal, auquel toute tendance au progrès fait défaut, l'a laissé tel que nous le voyons aujourd'hui encore, c'est-à-dire comme aux premiers jours du monde. Chez l'homme, au contraire, progressive et réfléchie, l'intelligence l'a fait tel qu'il nous apparaît dans les sociétés civilisées de notre temps, le maître souverain de la terre après Dieu.

L'animalité s'est haussée par degrés vers l'humanité, et en s'organisant pour la vie, on peut dire que la matière a été à la rencontre de l'esprit. Dès lors, un autre élément est entré en scène et s'est rencontré avec les forces de la nature et de la vie, et, chez l'homme, ce fruit terminal de l'évolution matérielle, la vie mentale et morale a succédé à la vie physique.

III

L'Homme et la Pensée.

Qu'est-ce que l'esprit, qu'est-ce que l'intelligence, qu'est-ce que la pensée, qui succèdent à la vie ? — Questions qui de tout temps ont beaucoup préoccupé la philosophie, et sur lesquelles les philosophes ne se sont jamais bien entendus.

« L'on peut chercher ce que c'est que la matière, a dit Cousin, mais quant à l'esprit nous le connaissons, c'est le moi pensant, sentant et voulant. » Mais comment la vie se transforme-t-elle en pensée, en sentiment et en volonté ?

Les sensations qu'éprouve le corps humain, selon l'école sensualiste, sont la vraie source de nos idées; il n'y faut tout au plus faire intervenir que la réflexion, suivant Locke, l'un des chefs de l'école; mais, ajoute-t-on, sans l'aide de la sensation, rien dans notre esprit que table rase. La sensation ainsi serait la porte nécessaire ou la génératrice unique de la pensée. Telle était aussi l'opinion d'Aristote.

Ainsi ne pensait pas, comme on sait, un autre ancien célèbre, Platon. Pou celui-ci, les idées étaient les réminiscences d'une vie antérieure, ou les types éternels des choses dont nous ne voyons que les copies autour de nous.

Suivant les idéalistes ou spiritualistes des temps modernes, Descartes, Leibnitz et autres, il y a dans l'esprit des notions antérieures à l'expérience ou à la sensation, comme le croyait Platon; s'il n'y a pas d'*idées innées*, il y a au moins dans l'entendement humain nombre de jugements naturels qui constituent *un fond inné*, fait des suggestions intimes ou instinctives qui ont la certitude des sensations, mais qui restent indépendantes d'elles et de toute condition matérielle.

De nos jours, l'école expérimentale des Stuart-Mill et des Taine, en est revenue au principe de Condillac que « l'événement primordial qui constitue nos connaissances, c'est la sensation ». Des idées générales qui sont des images mentales ou des sensations spontanément renaissantes, voilà, avec la sensation brute ou élémentaire, tout ce qu'il y a dans l'intelligence. Et tout cela ne correspond qu'à des faits qui se succèdent ou des trames d'événements liés entre eux; il n'y a rien de plus en nous-mêmes.

La pensée ne serait ainsi que le produit d'une organisation cérébrale supérieure; rien qu'un résultat ou une fonction; *force, substance, âme, matière*, sont les noms d'*entités* ou fantômes métaphysiques; il n'y a rien de tel dans la nature, ni en nous-même, rien d'occulte et sans raison explicative. La matière, selon Stuart-Mill, c'est simplement pour nous la possibilité permanente de sensations. Le moi, d'après Taine, n'est pas une chose distincte des événements qui se passent en nous, et qui leur survit. Ce qu'on appelle âme, dit-on encore, c'est une pure abstraction personnifiée du sujet commun des phénomènes affectifs, intellectuels et volontaires, ou une simple formule qui en exprime l'ensemble.

Quoi qu'il en soit de tout cela, ce mot âme a toujours répondu à quelque chose de réel en nous, c'est là comme une conviction instinctive; quelque chose de réel comme la vie elle-même, mais autre chose que la vie, autre chose même que l'intelligence, autre chose surtout qu'un retentissement matériel. L'âme s'est toujours identifiée dans notre esprit à la force intime, à la lumière intérieure source des vérités de conscience et de sentiment, au moi permanent et survivant; de telle sorte qu'on doit dire que le mot *esprit*, opposé à celui de matière, implique l'idée de l'âme.

M. Paul Janet[1], admettant même comme suffisamment démontrés les faits scientifiques sur lesquels elle s'appuye, réfute la doctrine de l'école matérialiste en disant qu'elle ne nous apprend pas ce que c'est que la matière, ni n'explique les faits de conscience, tels que l'*identité personnelle*, ou l'*unité du moi :* l'âme pour lui est autre chose qu'une hypothèse et la pensée autre chose qu'une fonction organique, et il est difficile de ne pas être de son avis.

Mais au surplus, qu'il y ait en nous des forces intimes et des êtres métaphysiques, ou rien que des faits qui se succèdent et des événements qui se lient, il n'en faut pas moins se demander ce que par son intelligence l'homme peut connaître de ces faits.

Ici, autres débats parmi les philosophes; s'il y en a eu qui n'ont cru qu'à la réalité de ce qui tombe sous les sens, au monde visible et tangible seulement, d'autres, au contraire, ont prétendu que nous ne pouvons connaître que nos propres idées et le monde d'après nos idées, en d'autres termes le moi seul, et que tout ce qui est en dehors du moi peut très bien n'être que pure illusion et

1. *Le matérialisme contemporain.*

n'avoir aucune certitude pour nous : c'est la *vérité subjective*, opposée à la *vérité objective* de l'école allemande[1].

Ce sont là des points de vue extrêmes. D'autres penseurs ont en effet conclu, comme tout le monde, à la vérité objective ou à la réalité tout à la fois du monde spirituel ou métaphysique et du monde extérieur ou physique et sensible; c'est sans doute ce qu'il y a de mieux à faire.

« De grands et hardis esprits, dit Sainte-Beuve, veulent sonder hors de la sphère où porte notre vue ; ils sondent aussi en eux-mêmes et creusent dans le monde de leur pensée. Ils poussent à bout les choses et à force de les presser, ils n'en tirent plus de réponse. Scepticisme absolu ou miracle, il n'y a plus d'autre moyen d'en sortir. C'est là l'honneur et le néant de la métaphysique; elle élève et agite l'esprit humain, en mettant en question ce que le commun des hommes accepte. »

Que font, en effet, le commun des hommes? ils prennent à la fois pour guides leurs instincts d'êtres moraux et matériels, qu'ils sont et qu'ils sentent être. Nie-t-on le monde extérieur? Mais nous n'agissons que guidés par nos sens et nos besoins; comme celui qui marchait pour prouver le mouvement. Nie-t-on l'âme, le moi, le monde méta-

---

1. Avant Kant et Fichte, on sait que Descartes et Malebranche eux-mêmes ne se fiaient qu'à la révélation divine sur la réalité du monde extérieur et sensible.

physique ? Mais nous obéissons au sentiment intime, aux faits de conscience, aux divinations instinctives de notre esprit, et tous entrent pour une part dans notre vie et notre pensée : lumière intérieure, indépendante de nos sensations, mais qui concourt avec elles aux mouvements de l'humaine existence. Par les yeux du corps, d'une part, et, d'autre part, à l'aide de cette lumière intérieure — sur laquelle nous reviendrons — nous voyons des choses d'essences diverses, mais auxquelles nous accordons d'instinct la même certitude, vérités objectives, pratiques et nécessaires. Voilà l'humanité telle qu'elle sort de l'animalité, l'homme-esprit tel qu'il succède à l'homme animal.

Mais comment s'explique l'évolution de la vie physique à la vie mentale ? Comment la pensée sort-elle de la vie ? C'est là pour l'homme qui s'intéresse à sa destinée une curiosité que ne répudie pas sa raison.

IV

Passage de l'animalité à l'humanité.

Cette curiosité et ces questions ont déterminé les recherches ou les réflexions d'autres encore que des philosophes. Elles se réduisent en définitive au problème de l'alliance dans l'homme de l'esprit et de la matière ou de l'union de l'âme et du corps.

Pour les partisans du *vitalisme*, cher autrefois aux médecins de l'école de Montpellier, il y a dans la vie autre chose que des propriétés vitales ; il existe une force propre et une, le *principe vital ;* de là, deux principes agissant dans l'homme, la force vitale, qui préside à la vie organique, et au-dessus d'elle, l'âme pensante, principe de la vie intellectuelle.

Stahl, médecin allemand du xviie siècle, confondit les deux principes ; l'âme pensante, selon lui, préside seule aux fonctions de la vie organique, sous cette réserve qu'il y a telles fonctions dont elle a conscience, et d'autres dont elle n'a pas conscience. Tel est l'*animisme*, qui eut sa vogue dans le temps.

Quant aux anciens, ils tenaient, eux, que ce que nous appelons âme, c'était la vie même, ou quelque chose d'intermédiaire entre l'esprit et le corps, lesquels n'ont aucun contact entre eux.

Mais parmi les efforts de la philosophie pour se rendre compte de cette union des deux principes, il faut surtout citer l'harmonisme de Descartes et de Malebranche, et ce qu'on a appelé l'*harmonie préétablie* de Leibnitz. Suivant ce système, ainsi s'expliqueraient les rapports de l'âme et du corps : l'esprit et les choses extérieures sont formés sur un même type, et il y a entre eux harmonie complète; à la qualité extérieure, dite *sensible*, correspond l'idée intérieure ou la qualité *intelligible;* de telle sorte que le monde corporel et le monde spirituel sont comme deux horloges qui marchent toujours d'accord, quoique indépendantes, parce que Dieu maintient cette harmonie.

Cette façon de se rendre compte des choses n'a pas été étrangère, sans doute, à l'idée dominante dans la philosophie allemande d'une époque postérieure, à savoir, que l'idéal et le réel sont identiques et se confondent dans l'absolu.

Quoi qu'il en soit, on ne peut se refuser à admettre des faits intermédiaires, sur les frontières de la physiologie et de la psychologie, qui font présumer des liens qui unissent l'âme et le corps.

L'action du moral sur le physique, et réciproquement du physique sur le moral, est d'ailleurs bien connue; ainsi, en général, quand le corps souffre l'esprit est débile et impuissant, tout comme le trouble de l'âme peut nuire aux fonctions corporelles. Il faut toutefois faire ici certaines réserves. Un philosophe français, M. Émile Saisset, fait observer quelque part que « si le bon état du physique influe heureusement sur le moral, dans beaucoup de cas, d'un autre côté, on voit des hommes chez qui l'énergie vitale est languissante — Paschal, Spinosa — et qui déploient la plus rare puissance d'esprit ». L'on peut ajouter à cela que l'histoire abonde en exemples de gens qui ont montré dans les supplices autant de vigueur d'esprit que de force d'âme.

Ce sont là des faits qui confirment l'existence de deux principes, de deux forces antagonistes peut-être, qui se sont rapprochés dans l'humanité, et se trouvent unis sans doute par quelque intermédiaire ou quelque lien naturel resté encore mystérieux.

« S'il existe une échelle graduée depuis la pierre jusqu'à la vie humaine, dit Mme de Stael, il doit y avoir de certaines facultés en nous qui tiennent de l'âme et du corps tout à la fois. »

« Si nous songeons, écrivions nous-même un jour dans le même ordre d'idées, que l'observation générale de la nature fait voir que tout ce que l'homme distingue dans les choses se fusionne par dégrés et nuances insensibles, qu'il n'y a pas notamment de passage brusque des êtres les uns aux autres, on pourrait en inférer qu'il en est encore ainsi en dehors des choses connues et observables; que, en d'autres termes, le même plan de création se poursuit dans les choses ignorées, que, par exemple, il y a des degrés, des nuances, un passage entre la vie et l'âme pensante, comme entre la matière brute et la vie. »

En admettant ainsi comme principe général suggéré par l'observation des choses, qu'il n'y a vraisemblablement nulle solution de continuité entre elles, on se demande de nouveau s'il n'y a pas des voies naturelles, qu'éclairent les nouveaux progrès de la science, et par lesquelles on parviendrait à rattacher dans l'homme, cet être mixte qui touche à la fois aux mondes de la nature et de l'idéal, ces deux principes d'essences diverses en apparence, l'esprit et la matière. On ne peut faire ici que des conjectures, en concluant du connu à l'inconnu; il restera toujours des mystères.

Conjectures. — De l'étude de l'homme physique il résulte un fait acquis en physiologie et accepté en philosophie : c'est que le cerveau est l'organe ou le siège de la pensée, sinon sa cause ou sa raison. « L'esprit, reconnaissait déjà Descartes, ne reçoit pas l'impression directe de toutes les parties du corps, mais seulement du cerveau. »

Le cerveau n'apparaît que chez les êtres supérieurs de l'échelle zoologique avec la première lueur d'intelligence; où il n'y a pas d'intelligence on n'a pas trouvé de cerveau. Ses altérations en amènent également dans les facultés intellectuelles, mais elles ne sont pas mortelles : blessez le cœur, plus de vie possible; on pourrait même dire que le cœur, c'est la vie; il vit le premier et meurt le dernier, selon Claude Bernard; au contraire, enlevez certaines parties du cerveau, la vie continue à subsister; l'ablation des lobes cérébraux n'altère totalement que les facultés de l'entendement; les fonctions de nutrition et de mouvement, en d'autres termes la vie, résistent; il n'y a que les facultés intellectuelles et morales qui disparaissent. L'encéphale serait tout autant l'organe des sentiments que des idées, et le cerveau, le siège réel de tous les états d'âme ; la preuve c'est que toute altération du cerveau entraîne une perturbation de tous les phénomènes, passionnels comme intellectuels ; le cœur ne serait qu'indirectement influencé par les passions, il n'en serait pas le vrai siège, comme on le croit communément, mais bien le cerveau.

Mais le cerveau, organe ou instrument de la pensée, qu'est-il, au point de vue anatomique ? — La science nous apprend que le système nerveux, qui est le siège de la sensibilité, et dont le cerveau occupe la partie centrale, est un ensemble organique qui se compose de cellules et de fibres extrêmement délicates. Chez l'homme le diamètre de chaque cellule est de un à trois centièmes de millimètre, et il faut environ deux cent quatre-vingts fibres nerveuses pour faire l'épaisseur d'un cheveu. Dans l'écorce cérébrale, ou *substance grise*, qui recouvre le cerveau, on compte cinq cents millions de cellules et deux milliards de fibres...

Le cerveau est relativement plus volumineux chez l'homme que chez les autres vertébrés, et son poids est notablement supérieur[1]. C'est surtout

---

[1]. D'une capacité moyenne de 500 centimètres cubes seulement chez les singes anthropoïdes, les animaux les plus rapprochés de l'homme, il mesure en moyenne 1375 centimètres chez celui-ci.

par le nombre et le relief des saillies ou des *circonvolutions* qui se remarquent à sa surface, que le cerveau de l'homme diffère de celui des animaux.

Cet organe augmente et se perfectionne par l'exercice, son plan primitif restant le même. « Dans son développement anatomique, dit Claude Bernard, le cerveau suit la loi commune, c'est-à-dire qu'il devient plus volumineux quand les fonctions auxquelles il préside augmentent de puissance. » Ainsi, il pèse plus chez les races civilisées que chez les sauvages : 1 534 grammes chez les Indo-Européens, 1 371 chez le nègre, 1 228 chez l'Australien, d'après certaines recherches.

M. H. Spencer fait remarquer qu'en général l'intelligence de l'homme primitif se développe rapidement, mais atteint de bonne heure ses limites et s'arrête tôt; c'est ce qui a été constaté dans les écoles pour les négrillons, pour les indiens d'Amérique, et même pour les Arabes; plus vive et plus précoce chez l'écolier, l'intelligence s'arrête vite et reste inférieure chez les adultes noirs à celle des adultes blancs. Et un penseur français, M. Fouillée, pour expliquer cela, faisait naguère observer « qu'un cerveau plus volumineux demande plus d'années pour son entière formation, et que l'homme civilisé doit arriver moins vite à maturité que l'homme sauvage ».

Ainsi l'intelligence humaine serait en raison directe de la grandeur du cerveau. La substance grise du cerveau serait le siège de la conscience et des facultés intellectuelles, et d'autant plus développée que les anfractuosités cérébrales sont plus nombreuses et plus profondes.

Quand même ici tout ne serait pas prouvé définitivement et jusqu'à l'évidence — et on peut le prétendre, — il reste encore assez de faits indéniables pour conclure qu'il y a des rapports entre l'importance du cerveau, organe de la pensée, et le rang de l'homme sur l'échelle zoologique et dans l'humanité. Cet organe se développe et se complète dans sa constitution, voilà le progrès matériel; il devient par l'exercice un instrument toujours plus délicat. C'est ainsi, par cet organe qui se modifie lentement, et par lui seulement, que semble se continuer le progrès organique, qui ne peut s'arrêter; c'est bien, semble-t-il, dans cet ordre, le seul progrès possible désormais; car le reste du corps ne change pas, ne se modifie pas, le temps l'atteste, et la peinture, la sculpture nous prouvent que rien extérieurement ne ressemble plus à un Grec ou à un Romain d'autrefois, qu'un Français, un Anglais ou un Italien de nos jours. Et par ce progrès, l'instrument de la pensée s'ouvre de plus en plus aux choses de l'esprit, comme aux vérités suggérées par le spectacle de la nature. Voilà ce qui semble incontestable.

1. *Le Matérialisme contemporain.*

Mais comment peut-on se représenter l'esprit pénétrant le cerveau, tout comme la vie qui, à un degré inférieur, pénètre la matière ?

Si les matérialistes considèrent l'âme comme une pure hypothèse et la pensée comme une fonction organique, tous cependant n'admettent pas avec Cabanis que cette pensée soit une *sécrétion du cerveau*. L'un d'entre eux, considéré comme le représentant le plus sérieux du matérialisme allemand, M. Buchner, objecte que la pensée n'est pas une *matière* que le cerveau produit et rejette ; c'est, selon lui, la résultante de toutes les forces réunies du cerveau, et cette résultante ne peut être, selon toute apparence, qu'un effet de l'électricité nerveuse.

Parmi les partisans de l'école expérimentale en philosophie, il y en a même qui comprennent la difficulté d'unifier deux ordres distincts. « Tout acte de conscience, dit un penseur anglais, Tyndall, que ce soit dans le domaine de la conscience, de la pensée ou de l'émotion, correspond à un certain état moléculaire du cerveau ; mais quel est le lien entre cet état physique et les faits de conscience ? Abîme infranchissable, » répond-il.

Cela ne dispense pas toutefois de faire intervenir dans l'élaboration de la pensée une certaine action des fibres cérébrales, puisque enfin il est admis que le cerveau est son organe.

Aujourd'hui, les sciences physiques n'admettent

dans le son qu'une vibration de l'air, et dans la lumière et l'électricité, que des vibrations de l'*Éther*, ce fluide subtile qu'on suppose remplir l'espace; et par analogie, en passant de l'ordre matériel à l'ordre intellectuel et moral, on dit que la pensée doit être aussi l'effet d'une vibration des éléments constitutifs du cerveau : « Il y a le même rapport entre la pensée et les vibrations électriques des filaments du cerveau, qu'entre la couleur et les vibrations de l'éther[1]. »

Hypothèse, sans doute ; mais hypothèse qui n'est pas inadmissible, même en dehors des doctrines matérialistes.

Sans prétendre que l'âme ou la pensée soit la résultante d'une fonction organique, on peut admettre qu'elle se lie ou correspond avec une sorte de *lumière intérieure* produite par les vibrations cérébrales. Par la lumière extérieure, résultant des vibrations de l'éther, nous apprenons à connaître le monde matériel, qui devient visible pour nos yeux ; dans un sens correspondant, mais en passant de l'ordre physique à l'ordre métaphysique, la lumière intérieure produite par la vibration des fibres cérébrales, éclairerait pour nous les vérités intellectuelles et morales. Et de même que la lumière du soleil ne crée pas les objets matériels, qui sont en dehors d'elle comme de nous, mais

---

1. Les physiologistes.

nous les rend visibles, ainsi la lumière intérieure ou intellectuelle, résultant des vibrations du cerveau, ne peut que faire ressortir et distinguer les choses qui sont en dehors d'elle et du monde physique, c'est-à-dire les vérités du monde de l'esprit, qui deviennent ainsi accessibles à notre connaissance.

Sur le même plan, et comme suivant une même méthode, se poursuivrait ainsi, de degrés en degrés, le développement des choses, depuis l'organisation de la matière jusqu'au monde de l'esprit, qui apparaît dans l'homme. La première vibration cérébrale qui, en lui, donna naissance à la première lueur intérieure, fut le premier résultat d'un progrès continu dans l'ordre général et naturel. Transmis ensuite par hérédité à l'humanité entière, il constitue sa vie première, la vie instinctive de l'enfant et des êtres primitifs, laquelle ouvre progressivement la vie de l'esprit. Ce que nous appelons instincts, sentiments, intuitions mentales, nos premiers guides, ce sont les notions élémentaires des choses cachées à nos sens, lesquelles apparaissent à l'aide d'un premier rayonnement de cette lumière intérieure qui est un effet des vibrations du cerveau. Quand les fonctions auxquelles il préside augmentent de puissance, le cerveau se développe, nous l'avons vu ; dès lors, les lumières augmentent en proportion des efforts de la réflexion, ou, en d'autres termes, en proportion des vibrations de l'organe de la pensée. De mieux en mieux, et successivement suivant leur ordre naturel, se laissent découvrir ainsi les vérités du monde intellectuel et moral : c'est la vie de l'esprit.

Ces vérités répondent à des réalités en dehors de nous ou de notre esprit, tout comme les objets matériels sont en dehors de nos yeux qui les distinguent; ce sont des vérités objectives. Seulement les ténèbres qui nous en séparent les rendent moins distinctes que les objets qui tombent sous les sens du vulgaire, et ces ténèbres ne se dissipent tout à fait que pour des esprits servis par un organe sain et puissant. Pour les cerveaux incomplets des races primitives, elles échappent en partie et ne servent qu'à une vie rudimentaire; elles restent obscures pour certains êtres brutaux, ou à moitié idiots, mêlés aux civilisés, et de qui l'on dit que ce sont des corps sans âme. Enfin, outre les cerveaux malades, qui ne fonctionnent pas, il y a des altérations du système nerveux qui produisent ces hallucinations ou ces fantômes qui apparaissent dans une lumière trompeuse et sont l'effet d'une machine affolée : c'est le cas, entre autres, des alcooliques.

Plus l'organe est parfait et réceptif, plus la vérité s'éclaire : c'est le cas des grands hommes. Cette lumière intérieure est à l'âme ce que le soleil est aux yeux du corps. On peut considérer ce qu'on appelle l'âme humaine comme l'œil en dedans qui perçoit les choses du monde intellectuel et moral à l'aide de la lumière intérieure qui naît des fonctions cérébrales; tout comme les yeux du corps prennent connaissance des objet à l'aide de la lumière du soleil, l'œil intérieur de l'âme voit à l'aide de cette lumière intellectuelle ce qui ne peut être perçu par les sens.

On dit : « L'homme ne peut être réduit à la cervelle; les faits de sentiment, les faits de conscience sont aussi des faits »; rien de plus vrai. Mais il ne peut y avoir ici de méprise, ces faits qu'éclaire la lumière intérieure produite par les vibrations cérébrales, sont rendus évidents pour l'esprit qui les perçoit et y adhère; la vue du vrai, du beau, du bien et des vérités qui en ressortent, en fait naître l'amour dans l'âme qui s'en inspire, et ainsi se fonde l'empire du sentiment, au-dessus de celui des sens; et la conscience, avec ses affirmations instinctives, persuade d'autant plus que cette vue intérieure s'éclaire de plus de lumière.

Ainsi s'établissent, par une continuité de phénomènes qui se tiennent, les rapports du monde matériel avec le monde métaphysique. N'est-ce pas là le trait d'union naturel et cherché entre le corps et l'âme ?

Mais, dira-t-on, comment une cause matérielle comme la vibration des filaments cérébraux, peut-elle avoir pour effet d'engendrer un agent immatériel tel que la lumière intellectuelle qui ferait voir en nous ce qui n'est pas visible ? — On peut répondre que la vie a bien pu sortir de la matière inerte ; or, aperçoit-on plus de rapports entre la matière inerte et la vie, qu'entre la vie et les choses de l'âme ou de l'esprit ? Non ; nie-t-on la vie pourtant ?

Il y a ici des principes distincts, et sans doute, à jamais irréductibles l'un dans l'autre. Si par le système hypothétique que nous nous représentons, on ne parvient pas à dissiper tout mystère sur leur union, on peut du moins se rendre compte à l'aide de quel suprême effort de la vie ils se rapprochent pour collaborer ensemble à l'existence de cet être mixte qui s'appelle l'homme.

L'avenir de la science promet-il de confirmer des idées qui amèneraient un rapprochement entre l'école des physiologistes et celle des psychologues ? Qui sait ? Les faits de magnétisme et d'hypnotisme observés de nos jours sont apparemment sur la frontière qui sépare le monde matériel de celui de l'esprit ; ce sont là des phénomènes bien dignes d'attirer l'attention ; peut-être est-ce de là que viendront des lumières nouvelles ; plus d'un le croit.

L'homme a devant lui deux mondes qui s'offrent à son attention : le monde de l'*Idéal*, et le monde du *Réel* perceptible à ses sens ; il semble lui-même sur la frontière qui les sépare et lui permet de les comparer. Ne lui ont-ils pas plus d'une fois apparus comme se confondant dans l'ensemble des choses? « L'idéalisme et la philosophie de la nature ont la même tendance et doivent être soumis aux mêmes lois ; l'Idéal et le Réel sont identiques, s'expliquent l'un par l'autre, et ne font qu'un dans l'idée de l'absolu. » Voilà ce que disaient les philosophes allemands du commencement de notre siècle. Eh bien! ces panthéistes avaient-ils donc tant tort?

Mme de Staël écrivait à ce propos : « Deux grandes vues générales servent de guides aux savants allemands : l'une que l'univers est fait sur le modèle de l'âme humaine, et l'autre que l'analogie de chaque partie de l'univers avec l'ensemble est telle que la même idée se réfléchit constamment du tout dans chaque partie et de chaque partie dans le tout ; » et encore : « Cette espèce de marche parallèle qu'on aperçoit entre le monde et l'intelligence, est l'indice d'un grand mystère, et tous les esprits en seraient frappés si l'on pouvait en tirer des découvertes positives ; mais toutefois cette lueur encore incertaine porte bien loin les regards. »

L'excitation cérébrale produite sous l'influence du monde sensible, engendre la lumière intérieure qui nous fait voir les choses éclairées sur une autre face : Voilà l'idéal et le réel ; ce sont les mêmes choses, souvent ; mais vues sous des faces différentes ; il ne s'agit que de tourner la page.

V

Le but final à atteindre et le progrès social.

Nous avons vu comment la matière va, par l'organisation, à la vie, la vie, par l'animal, à l'humanité pensante; partout apparaît une progression naturelle, une ascension graduée, qui nous a amené à des conjectures sur cette dernière conversion de la vie physique à la vie de l'esprit.

Il résulte de là en somme, pour les destinées de l'humanité, une conclusion générale qui est celle-ci : L'homme civilisé est celui qui se sépare le plus de l'animalité, son point de départ.

Depuis la matière brute jusqu'à la vie, l'observation des choses, dans leur évolution, nous fait voir partout un principe supérieur se substituer à un principe inférieur, un être d'un ordre moins élevé tendre vers un être d'un ordre plus élevé. L'homme, ce dernier venu, destiné à continuer le progrès général des choses, ne peut se détacher de sa souche animale qu'en s'élevant au-dessus des appétits brutaux et des passions sauvages qui en sont la conséquence, pour y substituer le principe supérieur qui est un progrès sur la vie physique, c'est-à-dire l'esprit qui constitue les choses de la vie mentale et morale, la raison et la justice; sinon, ni progrès réel, ni civilisation véritable, et l'homme manquerait à sa destinée.

Amoindrir la part de l'animalité et élever celle de l'esprit, voilà donc le but. Les matérialistes eux-mêmes reconnaissent ce but tout humain. « Plus l'homme s'éloigne de sa parenté avec l'animalité, dit l'un d'eux [1], plus il devient homme dans le vrai sens du mot, plus il se rapproche du but que nous devons considérer comme étant l'avenir de l'homme et de l'humanité. » « Le matérialisme de la science et celui de la vie, fait ailleurs observer le même, sont à cent lieues l'un de l'autre. »

Est-ce à dire que l'homme doit viser à faire l'ange? Non; l'on sait que s'il importe à la civilisation que l'*ange* parvienne à dominer la *bête*, suivant les expressions connues, l'homme ne pourra jamais abdiquer sa part animale, ce serait contraire à sa nature. Pascal a bien senti lui-même que, vouloir faire l'ange, c'est souvent faire la bête. Car si l'on entend par là étouffer ses besoins et ses tendances matérielles, on méconnaît ainsi que l'homme est un corps associé à une âme. Le fanatisme et le mysticisme religieux ont plus d'une fois tenté l'entreprise; pur égarement; mais ce n'est là qu'un cas particulier qui ne peut servir

---

1. Buchner, dont le radicalisme matérialisme ne peut être mis en question.

d'exemple. Que serait un peuple d'anges ou d'illuminés sur la terre ? Rien qu'une préparation à la destruction de l'humanité. Car l'homme ne peut vivre que par le travail, qui est une œuvre matérielle ; et il ne peut progresser matériellement, à l'aide de l'observation et de la science, qu'en visant à augmenter son bien-être ici-bas ; et de son bien-être résultant du progrès matériel, dépend en bonne part son progrès moral ; l'un rend l'autre possible. C'est ce dont les anges sont incapables et peu soucieux ; parce qu'ils ne sont pas faits pour notre monde.

Il est naturel et conforme à l'ordre des choses que l'homme cherche à augmenter son bien-être, et si ce bien-être contribue pour sa part au progrès de l'esprit ou moral de l'humanité, il est non moins vrai que celui-ci a la plus grande part dans le bien-être général et dans le bonheur individuel.

Le côté matériel du progrès contemporain a un but justifié, on ne peut le contester. Il tend à améliorer la vie du petit et du misérable, bien plus qu'à satisfaire aux convoitises du riche ; en somme, le résultat définitif et le plus clair des immenses progrès de notre siècle, c'est une meilleure répartition des biens de la vie, c'en est au moins la tendance finale ; le prix des choses nécessaires à l'existence considérablement abaissé, la souffrance diminuée, la santé et la vie plus assurées, voilà ce qui doit profiter au pauvre plus qu'au riche, et c'est là le côté sérieux du progrès matériel accompli. Et ce progrès qui rend la vie moins dure au misérable, la rend aussi plus féconde, en mettant l'instruction et l'éducation à la portée d'un plus grand nombre; quand on n'a plus uniquement à soigner son corps, on pense à son esprit; et c'est ainsi que l'esprit et le moral humains profitent de l'accroissement du bien-être physique; voilà surtout ce qui justifie la recherche de celui-ci.

Si donc la conséquence dernière de l'évolution générale des choses, est, comme tout tend à le faire croire, la substitution de l'humanité à l'animalité, et de l'esprit au principe matériel de la vie, le progrès matériel ne peut être qu'au moyen et non une fin. Au delà de certaines limites, on ne peut flatter le corps sans appauvrir l'esprit. Le matérialisme d'une époque consiste à prendre le progrès matériel pour but principal, et à tout lui subordonner; d'où les mœurs corrompues ou efféminées, et la vulgarité des esprits.

Une des illusions ou des erreurs de notre temps a sans doute été l'importance accordée ainsi au progrès matériel dans l'ordre du progrès social. Par un concours de circonstances que l'on connaît, par des entraînements engendrés dans la prospérité des affaires, on a vu s'exagérer cette importance au préjudice de la simplicité des mœurs et de l'élévation de la pensée ou des sentiments. La fièvre de l'or, la chasse aux plaisirs des sens, les folies vaniteuses, telles en sont les conséquences actuelles. Peut-être le mal portera-t-il avec lui son remède; si l'on a amassé pour des jouissances factices, ces biens un jour pourront servir à des besoins réels; la société enrichie fera leur part aux pauvres déshérités, en les mettant ainsi, par le progrès matériel, sur la voie d'autres progrès d'un ordre plus élevé et intéressant davantage tant leur bonheur particulier que les progrès généraux de la civilisation. Il y a un bon socialisme, quoi qu'on dise, et ce bon socialisme est peut-être dans l'avenir. Il est à présumer enfin qu'un jour le progrès matériel épuisé et ayant atteint son but, fera place aux progrès intellectuel et moral, lesquels auront la suprématie sur l'autre, autant que ceux-ci de nos jours sont subordonnés à celui-là. Une meilleure répartition non seulement des biens et des charges, mais encore du travail, telle est l'espérance de l'avenir. « Quand sera calmée la fièvre de production qui dévore toutes les classes, et qui est peut-être encore nécessaire à notre époque de préparation, écrivait un jour M. E. de Laveleye, le temps viendra où l'homme des fonctions libérales travaillera aussi des bras pendant quelques heures, et où, d'autre part, l'artisan et l'agriculteur pourront consacrer quelques heures à la culture de leur esprit; chez les uns et chez les autres l'équilibre se rétablira entre le cerveau et les muscles, et l'ordre naturel sera respecté. »

Et si l'affranchissement des instincts grossiers et brutaux de l'animal est le but définitif, en même temps que l'élévation du cœur et de la pensée, on doit se demander ce que peuvent ici les religions.

Les formes religieuses, qui ont toutes un fond commun, sont des méthodes de moralisation nécessaires à l'homme. Sa raison seule ne pouvait suffire dès le principe pour lui révéler les secrets de sa destinée, ni l'y préparer en lui faisant dominer la brutalité de ses instincts primitifs ou la violence de ses passions[1]. Les révélations, appuyées sur la foi naturelle en Dieu, lui sont venues en aide pour lui prescrire les moyens les plus propres à atteindre cette fin : de là les cultes, avec leurs dogmes inspirés, et les peines et les récompenses y attachées. Il fallait une certaine contrainte sans laquelle l'homme des premiers jours n'aurait pu vaincre sa nature pour entrer dans le plein de la civilisation. Voilà comment les religions, tout en

---

[1]. M. Taine fait observer à ce propos « que, sauf pour une élite imperceptible, une pure idée n'est qu'un mot vide, et que la vérité pour devenir sensible est obligée de revêtir un corps »; ce corps, ce sont les religions positives. A quoi le philosophe ajoute : « Dans toute société la religion est un organe à la fois précieux et naturel; les hommes ont besoin d'elle pour penser l'infini et pour bien vivre; si elle manquait tout à coup, il y aurait dans leur âme un grand vide douloureux, et ils se feraient plus de mal les uns aux autres. » Si l'on songe que c'est là l'opinion d'*un libre penseur*, on ne la suspectera pas.

satisfaisant au besoin de rendre hommage à la divinité, sont aussi des méthodes de moralisation nécessaires, quelque abus qu'en puissent faire les prêtres. « L'homme, selon Lessing, peut parvenir à la civilisation par sa raison, mais il y arrive plus promptement avec le secours des révélations. »

Les religions sont elles-mêmes soumises à la loi du progrès. « La religion, dit Benjamin Constant, a, sous chacune de ses formes, une utilité qu'on méconnait quand ces formes sont tombées, et qui disparaît lorsque l'on veut prolonger ces formes au delà de leur durée naturelle. » Le christianisme, avec sa morale supérieure, a été incontestablement un progrès sur le paganisme antique dont il a pris la place il y a près de dix-neuf siècles. A beaucoup d'égards, le paganisme ou l'hellénisme fut la glorification du corps et des sens; non pas, certes, d'une façon brutale et grossière, mais en ce sens qu'une telle civilisation devait accorder la prééminence à la beauté extérieure sur l'idéal intime, à la force encore qui naît de l'orgueil humain sur l'abnégation personnelle et sur l'amour de l'humanité. Ce furent ces dernières vertus qu'apporta le christianisme, et par lesquelles l'âme fut renouvelée. C'était un pas de plus vers la civilisation, on ne peut le contester.

Bien que l'homme soit un être destiné à progresser, il est ainsi fait, d'autre part, que la civilisation est chez lui comme un état contre nature. C'est qu'il y a ici en jeu comme une sorte d'atavisme, dont il faut combattre les conséquences par la contrainte et des efforts continus; comme la plante cultivée, qui retourne à l'état sauvage si on l'abandonne à elle-même, l'être humain civilisé finirait par revenir vers l'animal si on ne réagissait contre l'entraînement de ses instincts brutaux et jusqu'à ce que la civilisation soit comme entrée dans sa nature.

Or, qu'est-ce que cela? c'est la prééminence légitime et définitive, conforme au progrès général, de l'esprit sur la matière, de l'âme sur les sens, laquelle doit trouver sa sanction et sa conclusion naturelle dans la mort.

On dit qu'un jour Zoroastre ayant interrogé la divinité sur ce monde, sur son commencement et sa fin, sur l'origine du bien et du mal, reçut cette réponse : « Fais le bien et gagne l'immortalité. ».

LA MORT ET L'AU-DELA

Allez dans les cimetières, aux catacombes, ou entrez dans un cabinet d'histoire naturelle ; là sont les misérables débris du corps humain après sa dissolution ; des crânes vides et décharnés, masques horribles qui semblent vous regarder en ricanant, et vous dire : « Ainsi en sera-t-il de toi. » Et l'on se demande alors si c'est donc là tout ce qui reste de l'homme, même de l'homme dont l'intelligence et le cœur se sont le plus élevés au-dessus des autres ; et l'on ne peut le croire. C'est qu'il est en nous un sentiment instinctif qui s'y oppose ; ce squelette est la charpente en ruine d'une maison délaissée et dont le maître a disparu pour jamais ; et ce maître c'est l'esprit qui a animé ces restes, et que la mort a détaché, mais sans l'atteindre.

Ce que nous avons vu jusqu'ici de l'ordre général des choses semble confirmer ce sentiment instinctif.

Par le cerveau, l'homme, but de l'évolution matérielle et vitale, arrive à la vue intérieure des choses du monde de l'esprit — plus ou moins suivant les époques, les races ou les individus — et il se détache de sa souche animale pour devenir un jour ce qu'on appelle un être civilisé; c'est la victoire du principe supérieur sur le principe inférieur associés en nous; serait-ce donc pour en perdre les bénéfices après la dissolution du corps?

Nous l'avons dit déjà, à propos d'une conjecture vraisemblable, les choses de l'esprit, les choses de l'âme, les choses de la conscience et du sentiment, que nous percevons par la lumière intérieure résultant des fonctions ou vibrations cérébrales, ont le même degré de certitude que les choses du monde extérieur et matériel qui tombent sous nos sens et qu'éclaire la lumière du jour; c'est à l'aide de cette lumière intérieure que nous entrons d'un monde dans l'autre. Or, mis en contact avec ces choses de la vie supérieure, l'homme sent — comme en une révélation — qu'il y a en lui quelque partie d'impérissable et d'immatérielle comme elles; il n'en a le spectacle et la conception que parce qu'il participe de leur nature par l'un de ses côtés, lequel en gardera éternellement l'empreinte et le souvenir.

L'être supérieur arrivé jusque-là dans son ascension, a ainsi le sentiment qu'il ne peut se dissoudre à jamais et tout entier comme l'être infime et misérable qui n'a pas vu, lui, qui n'a pas conçu le bien, le juste, le beau, l'infini et le divin; et s'il en diffère, c'est sans doute, pour qu'une autre fin soit la sienne; sinon, l'ordre ascensionnel que nous avons jusqu'ici remarqué dans les choses, cesserait d'exister, il se démentirait; or, tout donne à penser qu'il continue dans le même sens jusque dans la mort et l'au-delà de la tombe.

Il faut en outre remarquer ici que dans le monde matériel rien ne se perd, mais que tout se transforme : la science regarde cela comme un fait acquis. De même dans le monde moral, aucune aspiration de notre âme n'ira à néant, c'est vraisemblable; car tout fait présumer que ce qui se voit et ce qui ne se voit pas ont été conçus sur un même plan dans l'élaboration des choses. Plan de la nature et ordre providentiel : deux mots pour une même chose.

La croyance à l'immortalité de l'âme est un article de foi des diverses religions qui se partagent le monde et qui sont un besoin répondant à des tendances naturelles et instinctives; elle apparaît ainsi comme un fait humain confirmatif d'une vérité fondamentale. Et la plupart des philosophes de tous les âges et de tous les pays n'ont pas pensé autrement. Au point de vue logique nous avons déjà cité quelques-uns de leurs arguments tirés des idées de justice et d'infini. Mais tous ne s'entendent pas sur la destinée de l'âme après la mort.

Le panthéisme pour lequel Dieu est la substance

unique, inséparable de l'universalité des choses, n'admet qu'*une immortalité de substance* et *non individuelle*; plus d'*identité personnelle* et nul souvenir d'une autre vie après la mort. Ce fut le système de la philosophie orientale et de plusieurs des écoles de l'antiquité, qui s'en inspirèrent.

Selon les *Vedas* et les philosophes hindous, les âmes passent dans des corps plus ou moins parfaits avant leur réunion à la grande âme, *Atma*, but et délivrance finale; à la mort, l'âme du sage se confond avec Brahma : c'est la métempsycose. Selon Pythagore, qui se ralliait à cette doctrine « les âmes imbues de fausse science et de faux amour descendent dans des corps plus grossiers, et les âmes éclairées et vertueuses revêtent des corps plus purs; l'affranchissement des âmes de la matière sera leur transformation en Dieu ».

Platon dit à son tour : « L'homme est une âme incarnée détachée de l'âme universelle. — L'âme est tombée dans le corps à la suite d'une chute mystérieuse. — L'âme pure va à Dieu ou l'être semblable à elle, et l'âme souillée ou enchaînée à la matière va animer les corps des animaux. »

Pour les stoïciens les âmes s'évanouiront un jour en rentrant dans la grande âme; ils n'admettaient l'immortalité de l'âme que pour le sage.

Plus rapprochée de nous, l'école d'Alexandrie reprit à peu près le même thème. Pour elle, les âmes qui sont une émanation de la grande âme, sont indivisibles, indestructibles, impérissables comme elle. Par l'évolution de la création, elles, qui sont le dernier des *principes intelligibles* et le premier principe des *choses sensuelles*, se trouvent éloignées de Dieu; mais il doit y avoir une autre évolution qui les ramènera à Dieu. Les âmes seules rentreront en Dieu qui auront développé en elles la vie divine : les autres renaîtront sur la terre dans les liens de la vie végétative, animale, ou purement humaine.

Dans l'antiquité, tous les penseurs ne se rallièrent pas à cette philosophie; ainsi Aristote et son école se moquèrent un peu « des âmes qui voyagent à la recherche des corps comme on change d'hôtellerie ».

Ailleurs, quant à la persistance des âmes, les opinions ne sont pas moins tranchées. Pour les druides des forêts de la Gaule, la mort n'était qu'une transition instantanée à une autre vie. « Chacun, disent à leur tour les Orientaux sectateurs du bouddhisme, se fait sa destinée; la vie présente, avec ses joies et ses douleurs, n'est que la conséquence des bonnes ou des mauvaises actions accomplies dans une existence antérieure. »

Parmi les philosophes chrétiens, on peut citer Origène pour ses opinions particulières à ce sujet : il pensait que les âmes préexistent à leur union avec les corps, et qu'elles ont péché à l'état de purs esprits; il croyait aussi à la pluralité des mondes.

Pour Descartes, « l'union de l'âme et du corps n'est qu'accidentelle, et la mort ne fait que rendre à l'âme humaine son indépendance et sa liberté ».

Des penseurs de notre siècle ont renouvelé la doctrine de la transmigration des âmes. Ainsi Jean Reynaud, dans *Ciel et Terre*, croit que les âmes, dans leurs pérégrinations et mutations infinies, obéissent à des *lois naturelles*, tout comme les astres eux-mêmes, et sans intervention directe de Dieu; « la mort, dit-il, est le point de départ d'un faisceau de routes qui rayonnent dans toutes les directions »; et il explique les destinées différentes des âmes, qui, se rapprochant ou s'éloignant de la voie du bien, se sont mises en harmonie ou en désaccord avec le principe divin ou le principe des choses, source de récompense ou de châtiment.

De Lamennais aussi, dans son *Esquisse de philosophie*, croit au passage des âmes de sphères en sphères, avec purification progressive et indéfinie.

Il est à remarquer que toutes ces opinions, opinions philosophiques et libres, assez étrangères d'ailleurs à l'idéal religieux des Églises, se réunissent au moins sur un point commun, à savoir la survivance, sous le nom d'âme, de la part d'esprit incarnée en nous, et la croyance à une vie supérieure ou inférieure, selon que nous aurons bien ou mal vécu dans la vie présente; peu importe d'ailleurs qu'il y ait ou non intervention divine. Le pressentiment d'où résulte cet accord a toujours paru avoir pour la grande majorité des hommes la valeur d'une certitude.

Les positivistes de nos jours ne croient pourtant qu'à une sorte d'immortalité dans la nature et dans l'humanité; la vie de l'individu se confond avec celle de l'humanité entière. Il faut entendre ici Buchner, l'une de leurs autorités principales : « De grands philosophes, dit-il, ont appelé la mort la cause de toute philosophie; s'il en est ainsi, la philosophie expérimentale de nos jours a résolu la plus grande énigme philosophique; elle a montré logiquement et empiriquement qu'il n'y a pas de mort, et que le grand mystère de l'existence consiste dans une métamorphose ininterrompue. Tout est immortel et indestructible... Seules les formes par lesquelles l'être s'exprime sont changeantes... à la mort, ce n'est pas nous qui sommes anéantis, c'est uniquement notre conscience personnelle, la forme accidentelle de notre être... nous continuons à vivre dans la nature, dans notre espèce, dans nos enfants, dans notre descendance, dans nos actes, dans nos pensées. » « Où sont les morts? » demande à son tour Schopenhauer, et il répond : « En nous-mêmes; et en dépit de la mort et de la putréfaction, nous sommes tous réunis. »

Ainsi l'homme, selon l'école moderne, ne se survivrait que dans ses actes, actes dont il perdrait même le souvenir, en perdant le sentiment de son identité personelle. Je crains fort que cette immortalité ne paraisse singulièrement ressembler à la mort éternelle. Il y a bien là une certaine sanction à la loi du mérite et du démérite; mais cette survivance, on la comprend peu, et elle n'est guère faite pour répondre à nos pressentiments. Or, il n'y a pas de science positive qui prévale contre un sentiment instinctif, une prévision ou un avertissement secrets, reflet de la lumière intérieure qui nous guide, et qui doit entrer dans les données de toute vraie science.

Pour l'école expérimentale moderne, l'âme est une pure abstraction personnifiée des phénomènes affectifs, intellectuels et volontaires; sous le nom d'*entité métaphysique*, on la nie comme réalité distincte et substantielle. Pour nous, et en rappelant ce qui a été antérieurement exposé, l'âme c'est l'esprit, c'est l'œil intérieur qui, à l'aide de la lumière résultant d'un fonctionnement du cerveau, voit ce que les yeux ne voient pas; semblable encore à une plaque photographique éclairée par cette lumière intérieure, et sur laquelle s'impriment les images indélébiles des choses.

Ces images des choses, l'âme les emporte avec elle, et comme elles, elle devient chose impérissable, parce qu'elle a pris contact avec ce qui ne s'efface pas; elle en garde l'empreinte et le souvenir, parce que rien ne se perd de ce qui est ou a été.

Faits pour aller du degré inférieur de la vie au

degré supérieur de la pensée, nous naissons avec la faculté de nous élever jusqu'à l'idéal d'une autre vie; nous ne pouvons en perdre les bénéfices si nous restons dignes du nom d'hommes; le corps se dissout, l'esprit reste; l'homme-animal meurt et rend à la terre ce qu'elle lui a prêté, l'homme-esprit survit avec l'idéal qu'il a conçu et qu'il emporte.

L'âme humaine, comme la raison humaine, est dans l'évolution générale des choses — nous l'avons vu — d'un degré au-dessus de la vie, et comme telle, sans doute, soumise à une destinée distincte; si l'esprit suit la vie, il n'est pas la vie.

« L'axiome que tout se tient, écrivait naguère un collaborateur de la *Revue des Deux Mondes*[1], la conviction que les choses se succèdent en vertu de causes tantôt cachées, tantôt visibles, mais toujours naturelles, est devenue le fond même de la philosophie et de toutes les sciences sans exception... Mais est-il vrai qu'en vertu du principe de continuité des choses on doive admettre un monde sans Dieu et des hommes sans âme? Voilà ce que nous nions. » Dans les antécédents existent, en effet, la raison ou les germes, plus ou moins apparents ou cachés, des conséquents. Nie-t-on que le fruit se distingue de l'arbre parce qu'il en vient? ni qu'il ait une autre destination? Les choses peuvent ainsi se toucher sans se confondre, sortir

1. M. A. Réville.

l'une de l'autre tout en ascendant l'une sur l'autre dans un progrès continu.

Derrière les vérités qu'éclaire ainsi la lumière intérieure, se laisse pressentir une puissance mystérieuse, ou un grand moteur universel, auquel on donne le nom de *Dieu*.

L'homme est né religieux, l'histoire entière le prouve. L'instinct se joint ici à la raison, un de ces instincts primitifs qui sont nos guides, pour nous révéler le divin à travers le bien et le beau. Or, tout instinct a son objet, c'est le mouvement intérieur de quelque chose qui est. « C'est Dieu que nous adorons sans le savoir sous le nom d'*Idéal*, dit Cousin, quand notre imagination, entraînée de beautés en beautés, appelle une beauté dernière où elle puisse se reposer. »

De tous les instincts humains, l'instinct religieux est peut-être celui qui nous distingue le plus des animaux. En s'élevant toujours davantage, l'être est arrivé en vue de ce qui domine dans l'universalité des choses, comme on ne voit les géants d'une chaîne de montagnes qu'en quittant la plaine pour les hauts sommets. Et l'être arrivé là, c'est l'homme ; voilà pourquoi il est religieux, et non les animaux ; il voit le plus haut de ce qui est au plus profond des choses, et cela, c'est Dieu ; Dieu qu'on distingue avec d'autant plus de vérité qu'on s'élève davantage.

La croyance en Dieu est non seulement le fond

des diverses religions qui se partagent le monde, et qui, chacune à sa manière, sont un hommage à la divinité; mais elle est aussi article de foi pour la philosophie idéaliste. « Le vrai, le beau, le bien absolus ont Dieu pour substance et pour sujet[1] »; voilà le fond de la pensée commune aux philosophes non matérialistes.

Mais ce sujet, auquel remontent nos aspirations comme à leur foyer, s'est présenté différemment à l'esprit, suivant les races, les époques, ou les écoles. Sans parler du polythéisme ou croyance à la pluralité des dieux, grossière conception de l'imagination populaire, ou déification plus ou moins matérialiste des diverses forces de la nature, la philosophie — celle qui mérite ce nom — n'a vu au fond des choses qu'un moteur unique par cela même qu'il est tout puissant et universel; Dieu *personnel* pour les uns, et qui, pour les autres, ne ne se sépare pas de l'ensemble des choses, les panthéistes. A part les Juifs, le peuple du Dieu unique et personnel, les anciens, lorsqu'avec Épicure et Lucrèce ils n'expliquaient pas l'univers par les seules lois physiques, ont, en s'inspirant de l'esprit oriental, adopté l'opinion panthéiste et son Dieu, âme des choses. Pour les Stoïciens, Dieu était l'âme du monde, le pur *Éther*, le fluide primitif, dont les âmes des hommes sont les émanations.

[1] V. Cousin.

Quoi qu'il en soit, Dieu est, on le sent, et c'est l'essentiel ; parce qu'il serait incompréhensible pour nous, cela ne suffit pas pour le nier ; « il n'est pas contraire à la raison, dit M. Jules Simon, il lui est supérieur. » Aussi les philosophes positivistes de nos jours ne nient-ils pas Dieu, en général : il est pour eux « l'*Inconnaissable* ». M. Herbert Spencer reconnaît la vérité du sentiment religieux « éveillé, dit-il, par ce qui existe au delà de l'humanité et au delà de toutes choses ». « Derrière le vrai, le beau, le bien, dit M. Vacherot, l'humanité a toujours senti qu'il existait une réalité souveraine dans laquelle réside l'Idéal, c'est-à-dire Dieu, le centre et l'unité mystérieuse et inaccessible vers laquelle converge l'ordre universel[1]. »

Donc le Divin, qui se laisse pressentir derrière les choses, sans être nié, sinon très exceptionnellement, est conçu et représenté différemment, selon les systèmes philosophiques ou religieux. Dieu personnel, Dieu impersonnel, voilà peut-être des distinctions subtiles ; au fond, c'est toujours à Dieu qu'on croit, et voilà l'essentiel. Un philosophe sensé et aux idées larges de notre temps, M. Paul Janet, écrivait naguère : « Nous persistons à penser que le panthéisme en général, et celui de Spinosa

---

1. Ce qui n'empêche pas d'autres, sans doute, de se déclarer franchement athées ; c'est M. Buchner qui a écrit quelque part : « Dès qu'on rencontre le nom de Dieu dans un livre, cela suffit, il faut le rejeter. »

en particulier, est profondément distinct de l'athéisme... Spinoza, nous dit-on, a nié Dieu, car il a nié la personnalité divine; la personnalité divine est-elle donc le premier attribut de Dieu ? En est-elle l'essence, la définition ? En aucune façon; il n'y a pas un seul philosophe du xviie siècle, même parmi les théologiens catholiques, qui définisse Dieu par la personnalité; tous sans exception, Descartes, Malebranche, Bossuet, Fénelon, définissent Dieu « l'Être infiniment parfait, l'Être sans restriction, l'Être sans rien ajouter ».

Chez les anciens, peut-on rappeler ici, on flétrissait bien du nom d'athées ceux qui ne croyaient pas aux *dieux corporels* du paganisme et n'avaient foi qu'à un être de nature spirituelle : ainsi raisonne l'esprit ballotté entre des préjugés divers.

Que Dieu soit donc pour l'esprit humain le créateur de la Genèse, ou l'*Éther Divin*[1], l'âme du monde des stoïciens, ce n'en est pas moins la reconnaissance, au-dessus de l'ordre de choses actuel, d'une puissance souveraine et universelle, source de toute vérité, de toute beauté et de toute justice, que nous nous représentons comme un point central dans l'espace éthéré, d'où rayonnent sur l'univers toutes les lois du monde physique et du monde moral. C'est là la vérité qui ressort du

---

1. Expression employée par Renan.

retentissement en nous de nos sentiments, et de la vue intérieure des choses.

Or, l'esprit, de sa nature, tend vers cet absolu du bien, du vrai et du beau. Dégagé des liens du corps, qu'il soit une partie de l'âme du monde, une émanation divine, ou un souffle divin, il tend — s'il n'a pas été étouffé par la part animale qui reste en nous — à remonter à sa source, pour y tenir une place plus ou moins grande, selon qu'il s'en sera plus ou moins rapproché dans sa carrière terrestre, ou dans ses stages divers. Voilà, sans doute, la destinée qui l'attend après la mort du corps[1].

Ainsi doit-on concevoir la suite de l'ordre ascensionnel qui se fait remarquer dans la généralité

---

1. J'emprunte à un opuscule peu répandu, et publié naguère sous le titre de *Credo d'un vieux philosophe*, les lignes suivantes : « Qu'arrive-t-il après la mort ? — Je crois que la part d'esprit qui s'est incarnée en nous, se sépare pour rentrer dans la vie universelle; agrandie ou diminuée, selon qu'a été notre vie terrestre, ou même anéantie chez les mauvaises et brutales natures qui ont *perdu leur âme* et rentrent dans l'animalité. — Je crois que tels que nous quittons une vie, tels nous rentrons dans une autre, où nous allons prendre la place qui nous convient, supérieure ou inférieure, suivant les lumières de l'esprit, ou suivant que l'âme sort augmentée ou diminuée, pure ou souillée, de son existence terrestre. — Je crois que la vie nouvelle sort de l'ancienne, bonne ou mauvaise, comme un arbre sort de sa semence. Dieu ne punit pas, Dieu ne récompense pas, il ne fait qu'imposer des lois aux choses pour qu'il en soit jugé selon toute justice. »

des choses. Notre petit monde ne peut servir de but à l'humanité; il ne forme, sans doute, qu'un échelon des mondes vers lesquels les appellent les aspirations des mieux doués d'entre nous; autrement il ne serait pour l'homme que ce qu'il est pour les animaux, un charnier, après avoir été un râtelier; tandis qu'il doit être considéré comme un passage à une vie plus haute, où les uns restent en chemin et succombent, pendant que les autres se dégagent pour monter vers les sommets.

Ce terme naturel du progrès infini des choses, les diverses religions, et particulièrement la religion chrétienne, l'ont pressenti, et sous leurs formes symboliques, plus ou moins heureuses, se découvre partout la foi à une vie plus heureuse ou plus haute dont il faut se rendre digne. Or, pour s'en rendre digne, il importe de devenir de plus en plus homme et de moins en moins animal, c'est-à-dire que, sans abdiquer les conditions de notre nature, il faut agrandir la part de l'esprit et de l'âme, qui seule nous a fait des êtres supérieurs.

Les gens qui ne se contentent pas de toutes ces raisons propres à convaincre l'intelligence des sages voudraient des preuves matérielles de notre survivance ou de notre immortalité. Il n'en manque pas de nos jours qui croient encore aux esprits et aux communications entre les vivants et les morts. Il n'y a là qu'une tendance populaire qui ne suffit pas pour équivaloir à une preuve.

Voici l'opinion de Kant, quelque peu sceptique d'ailleurs, sur l'existence des esprits : « Des âmes séparées et de purs esprits, dit-il, ne peuvent certainement se montrer jamais à nos sens extérieurs ni être d'ailleurs en commerce avec la matière, mais ils peuvent bien agir sur l'esprit de l'homme qui forme avec eux une grande république, de telle manière que les représentations qu'ils excitent en lui se revêtent, suivant la loi de sa fantaisie, d'images analogues, et produisent l'apparence d'objets hors de lui qui leur seraient conformes. « L'âme humaine, dit-il encore, est dès cette vie même indissolublement unie avec les natures immatérielles du monde des esprits, elle est en rapport d'action et de réaction avec eux, elle en reçoit des impressions, mais elle n'en a pas conscience. »

Le *spiritisme* de nos jours est un retour vers la croyance aux esprits. Un de ses adeptes, en faisant observer que cette croyance est ancienne, dit que « partout en Grèce comme en Égypte et dans l'Inde, les *Mystères* consistaient en une même chose : la connaissance du secret de la mort, la révélation des vies successives, et la communication avec le monde occulte [1]. » Tout concourt, selon le même écrivain, à nous prouver que l'âme se retrouve au delà du tombeau telle qu'elle s'est faite elle-même par ses actes et ses travaux dans le cours de son

---

1. M. Léon Denis : *Après la mort.*

existence terrestre. « Le nier c'est déserter la cause du spiritualisme ; or, le spiritisme vient reprendre contre l'incrédulité, la tâche dévolue au christianisme, devenu impuissant. » Ainsi conclut-on.

Quant à la présence et aux apparitions des esprits, ce qui fait le fond du spiritisme, c'est là un ordre de faits que jusqu'à cette heure on n'a pu faire admettre par la science, et auquel l'opinion publique est restée assez incrédule. C'est que pour prouver il faut autre chose que de simples affirmations, et que jusqu'à nous on ne peut pas encore dire qu'on ait reconnu la présence des esprits. Qu'ont-ils révélé d'ailleurs, les esprits ? Rien ; et l'on ne peut nier pourtant qu'ils n'eussent des secrets fort intéressants à dire. Des faits étranges se produisent, faits peu contestables, semble-t-il, et jusqu'ici inexplicables par les voies naturelles. Tels sont encore ces phénomènes télépathiques, ou d'apparitions et de révélations de personnes éloignées, qui étonnent et appellent, sans doute, l'attention des savants. A tous ces faits, sortant jusqu'ici de l'ordre ordinaire des choses admises, trouvera-t-on un jour des causes vraiment surnaturelles ? On ne sait. Il semble seulement que devant certaines questions, pour lesquelles ni l'étude, ni l'expérience, ni la philosophie qui s'appuye d'elles, n'ont su trouver de solutions, on en revienne quelque peu de nos jours aux sciences occultes ; il y a même des gens qui croient que, par cette voie ou par une autre, on est à la veille de quelque grande découverte, ou de quelque grand événement, qui déchirera les voiles. Ce ne serait pas la première fois qu'on le croit; mais il n'est rien venu; et pour se guider, en dehors des révélations de la foi, l'homme reste avec les seules lumières de son esprit, de sa raison et de sa conscience.

Toutefois ne soyons pas plus fiers qu'il ne faut des lumières acquises jusqu'ici par la voie rationnelle et le progrès scientifique. Nous ne sommes pas encore assez sûrs de nous pour affirmer qu'il n'y a pas des causes mystérieuses des choses que nous soupçonnons à peine. Le spiritisme, pour sa part, cherche à donner une solution au mystère de la mort. Comte, le principal inspirateur du positivisme scientifique et contemporain, confessait ouvertement, dans les dernières années de sa carrière, « que l'esprit humain ne peut se passer de croire à des volontés indépendantes qui interviennent dans les événements du monde. » Et d'autres que Comte sont revenus sur leurs pas après avoir tout demandé à la science : tels sont, en Allemagne, Fichte et Schelling, qui finirent par proclamer la nécessité de s'en rapporter aux convictions naturelles de la conscience, plutôt qu'aux subtilités de raisonnement[1].

1. Henri Heine, qui les raille tant à ce propos, finit lui-même par une profession de foi religieuse.

Et qu'est-ce que c'est que ces convictions naturelles de la conscience, ou ces intuitions mentales, ou ces révélations du sentiment, sinon le rayonnement de cette lumière intérieure qui prend naissance dans le cerveau humain, et qui fait jour sur les vérités cachées?

On prétend qu'il y a pour toutes choses une *raison explicative*, même lorsqu'on ne peut encore la découvrir; n'est-il pas au moins aussi croyable qu'il restera toujours pour l'homme une part de mystère, qu'il s'agisse de la vie ou de la mort? Devons-nous tant le regretter d'ailleurs? Tout ce qui s'explique n'est pas grand, car il n'est pas au-dessus de nous; le mystère seul est grand, et voilà pourquoi il nous attire.

C'est ce fond mystérieux des choses qu'on aime dans l'idéal. Mais l'Idéal et le Réel doivent-ils toujours rester étrangers l'un à l'autre? Un pressentiment intime et dont il faut tenir compte, nous dit qu'ils se confondent dans le secret de l'existence. L'union des sciences naturelles et des sciences métaphysiques ou psychologiques, c'est-à-dire la conception de la science la plus générale et la plus haute, n'est peut-être possible qu'avec l'aide d'une certaine dose de sentiment et même d'imagination. Les hommes de science n'ont pas tant de raison de dédaigner les poètes; si la poésie est un jeu d'imagination, elle est aussi un écho de l'Idéal, et son langage, celui des choses qui se devinent ou se sentent et ne se voient pas. La tendance bien connue des poètes à mettre en parallèle dans leurs images le physique et le moral, le réel et l'idéal, est l'indice d'une vérité vague dont, plus que d'autres, ils ont le pressentiment[1].

Tout comme la poésie, la musique a le don d'éveiller en nous comme un retentissement des mondes et des existences supérieurs. « La musique, disait lui-même Schopenhauer, est la révélation de l'âme des choses et leur expression directe. » Et Carlyle : « La musique est une sorte d'inarticulée et insondable parole, qui nous amène au bord de l'infini et nous y laisse quelques moments plonger le regard. » Oui! il manque, sans doute, quelque chose à ceux qui sont privés du sens musical, fussent-ils d'ailleurs des esprits supérieurs, comme il s'en rencontre.

Les portes de la vérité sont multiples; le beau peut être la voie du vrai, et tous les deux remontent au divin. La tendance de l'homme à diminuer cette part de mystère qui reste au fond des choses, est naturelle et légitime, et il ne peut rejeter aucun moyen de parvenir à ce but digne de l'être progressif qui est comme la raison du progrès général sur notre globe. La science et la philosophie, en continuant à rapprocher ce qu'elles savent de ce

1. « On éprouve un sentiment de volupté infinie quand le monde extérieur se fond avec le monde de notre âme. » (Henri Heine.)

qu'elles ne savent pas, et à aller de l'un à l'autre jusqu'aux limites extrêmes du connaissable, nous réservent sans doute d'autres conquêtes sur notre ignorance, et peut-être des surprises. Ne peut-on pas conclure que plus nous verrons clair en nous-mêmes, et progresserons vers l'humanité, mieux nous distinguerons les vérités du dehors, dont le voile ne se soulevera jamais tout entier.

LES PREMIERS HOMMES

Que l'origine de l'homme soit divine, selon les uns, ou animale selon les autres, il n'en est pas moins vrai qu'il a dû faire son entrée sur le monde à un certain moment et dans un certain lieu ; avant de mériter le nom de roi des créatures, ne fut-il d'abord qu'une ébauche, encore a-t-il été nécessaire qu'il formât un premier couple qui apparut sur quelque point du globe et donnât naissance à l'humanité. Ou et quand ? Voilà ce que s'est demandé la science, en s'appuyant dans ses présomptions sur diverses données, tant antiques que modernes.

« Le premier homme recule et se perd dans une vague et effrayante antiquité, » a dit M. V. Duruy.

Deux sources d'informations existent pour arriver à quelques présomptions plus ou moins satisfaisantes sur cette grande question préhistorique : C'est, d'une part, les diverses légendes, vagues souvenirs des peuples, et, d'autre part, le sol, dont les fouilles ont amené certains vestiges de la première vie humaine.

I

Il est vraisemblable que les premiers souvenirs de l'homme, à partir de l'instant où il est devenu un être pensant, et que ses premières impressions au moment où il prit possession de la terre, il est vraisemblable que ces premiers souvenirs et ces premières impressions ont laissé quelques traces dans son esprit, quelque effacées qu'elles puissent être. C'est là le fond des légendes des peuples : une vérité primitive fort défigurée ensuite par toutes espèces d'imaginations. « L'examen et la comparaison des cosmogonies, des religions et des légendes primitives, dit encore M. Duruy, ont fait reconnaître partout la puissance créatrice de l'imagination populaire dans la jeunesse du monde. »

Au fond de ces légendes primitives, il y a pourtant un fait sur lequel elles semblent toutes s'accorder : Toutes, traditions chinoises, hindoues, sémitiques, placent le berceau de l'humanité sur les hauts plateaux de l'Asie centrale. C'est donc là que se trouvait, pourrait-on dire, l'Éden de la Genèse, merveilleux jardin selon le récit juif, où le Créateur renferma le premier homme. « Dans toutes les traditions de la haute Asie, dit Herder, nous retrouvons ce paradis sur la contrée la plus élevée de la terre ; avec ses sources d'eau vive et ses fleuves qui fertilisent le monde ; Chinois et Thibétains, Hindous et Persans, nous parlent de cette montagne primitive de la création qu'entourent des continents, des mers et des îles, et fait jaillir de son sommet, couronné de nuages, les sources de tous les fleuves. »

Et quel est ce plateau de la haute Asie ? — Depuis Herder, des voyageurs l'ont parcouru et se sont livrés à une sorte de vérification des lieux. Dernièrement M. Édouard Blanc nous en a encore parlé longuement et savamment ; et voici ce qui résulte de ses investigations [1].

La charpente principale du continent asiatique est formée de trois grands massifs montagneux : l'*Hymalaya*, l'*Hindou-Kouch* et les *Monts Célestes*, comprenant l'*Altaï*, sur le territoire chinois. Ces chaînes formidables se rencontrent en un point commun sur les plateaux de l'Iran, et forment ensemble comme un nœud qui les relie, le plateau du *Pamir*. Ce plateau, le plus élevé du globe, n'a pas moins de 500 kilomètres de diamètre ou 100 lieues ; il fait partie du Turkestan.

Du Pamir descendent plusieurs fleuves répondant assez bien à cette source qui se divise en plusieurs branches, autour d'une vaste enceinte, et dont parle le récit de la Genèse : c'est entre autres

---

1. *Revue des Deux Mondes.*

l'Oxus, le Tarim, l'Iaxarte. Mais où était précisément sur ce plateau du Pamir, le jardin de l'Eden c'est ce qui laisse encore indécis les explorateurs. Deux emplacements, paraît-il, lui conviennent ; l'un d'eux forme la vallée de l'*Altaï*, mot qui en Kirghiz signifie *Paradis :* voilà qui est suggestif.

Ce plateau central a aussi été baptisé par les populations asiatiques du nom de *Toit du monde :* terme à retenir, comme si ce point avait le premier émergé de la masse, et, le premier, avait réuni les conditions propres à la vie sur la terre. Étant le plus élevé, en effet, et les conditions atmosphériques se trouvant alors vraisemblablement les mêmes que de nos jours, il pouvait avoir subi, le premier, le refroidissement nécessaire à la présence des êtres organisés, tandis que pour le reste du globe le sol restait encore fluide et sous l'influence, contraire à la vie, de la chaleur centrale.

Aujourd'hui le Pamir, par l'effet de son altitude, est un lieu à peu près inhabitable, et couvert de neiges éternelles comme les contrées polaires. C'est là, sans doute, un état de choses peu en harmonie avec le récit de la Genèse, qui fait de l'Éden un jardin délicieux, au sein d'un printemps perpétuel. Mais il faut penser qu'au commencement des choses, la chaleur centrale réagissait contre le froid des hautes régions, tout comme vers les régions polaires d'où l'on retire aujourd'hui, enfouis dans le sol, les restes de plantes et d'animaux qui ne vivent plus de nos jours que dans les chaudes contrées tropicales : preuve incontestable d'un premier état fort différent de l'état actuel. Il est donc vraisemblable que ces sommités, tout comme les régions polaires, ont pu convenir alors à l'existence des premiers hommes, bien qu'elles soient devenues inhabitables aujourd'hui.

La science et l'observation semblent ainsi venir suffisamment à l'appui de la tradition qui fait du plateau du Pamir le centre de l'apparition des premières races humaines, ou tout au moins, dit M. E. Blanc, un important centre de dispersion. De cette sommité qui les domine et où elles se rencontrent, descendent, séparées par de puissantes chaînes de montagnes qui les renferment dans quatre compartiments bien distincts, quatre grandes races d'hommes et quatre civilisations différentes : la chinoise, l'indienne, l'iranienne (Perse et Afganisthan), et la touranienne (Turkestan et Mongolie).

Mais comment, dit-on, si elles proviennent d'un seul couple qui eut son berceau sur ce plateau du centre asiatique, ces quatre races ont-elles pu par la suite revêtir des caractères si différents au point de vue physique et au point de vue moral ou social ? — Cela, comme on sait, a fait soulever des objections contre l'unité de l'espèce humaine, question que nous n'aborderons pas ici, mais que la diversité des peuples ne suffira pas peut-être pour faire résoudre par la négative. Une suite infinie de générations, sous l'influence de circonstances extérieures et de milieux particuliers, sans mélange aucun de sang étranger, ne doivent-elles pas, après des milliers d'années, amener des résultats qui diffèrent considérablement de ceux qui se sont produits ailleurs, sous l'influence d'autres circonstances ou d'autres milieux, le point de départ eût-il été commun? Voilà ce qu'on peut croire, en laissant à un seul couple la paternité des quatre races qui se sont partagées le premier continent habité.

D'après le récit de la Bible encore, les divers peuples qui couvrent la terre descendent des trois fils de Noé, Sem, Cham et Japhet, lesquels, après la catastrophe du déluge, repeuplèrent le monde. Sans changer les résultats des premières données, pourrait-on dire ici que l'arche s'est arrêtée contre les contreforts de l'Himalaya, l'unique point resté découvert au-dessus des eaux pour recueillir les seuls survivants des hommes? C'est une autre hypothèse qu'on peut faire[1]. Quoi qu'il en soit, à une époque très reculée, il y a eu un déluge, les traditions des peuples semblent d'accord sur ce fait; il y a eu une inondation plus ou moins étendue;

---

1. La Bible, il est vrai, place la scène au mont Arara, en Arménie; c'est là, paraît-il, que fut lâchée la colombe de l'arche. Mais on sait que chaque peuple a toujours localisé à son point de vue un fait qui les intéresse tous.

donc un lieu de refuge, et un nouveau centre de dispersion des hommes; et ce lieu de refuge, on ne peut guère le mettre en dehors des sommités du continent asiatique, où les traditions ainsi se confondraient.

L'étude des langues, d'autre part, étude qui dans les temps modernes a été un puissant instrument d'investigation pour celle des peuples, a confirmé ici qu'à ces quatre races primitives qui ont rayonné autour d'un même centre, races différentes d'aspect et de caractère, se rattachent à peu près toutes les sous-races et tous les peuples qui couvrent la terre ou ont figuré dans l'histoire.

Les Chinois, qui, avec les Mongols, composent ce qu'on appelle la race jaune, sont peut-être le plus vieux peuple du monde, celui qui s'est conservé le plus semblable à lui-même, et qui a subi le moins de révolutions. Les anciens Égyptiens, qui pour l'antiquité de leur histoire, semblent pouvoir rivaliser avec les Chinois, paraissent avoir été une race mixte, proche parente de la race sémitique ou arabe. Or, les sémites appartiennent à la race blanche, et tout comme les Aryens, sont des peuples originaires de l'Asie centrale, qui se fixèrent entre le Tigre, la Méditerranée et la mer Rouge.

C'est également à une race mixte, plus ou moins teintée de sang sémite, qu'appartenaient ces Assyriens et ces Chaldéens, qui ont laissé tant de ruines remarquables sur le sol où s'élevaient autrefois Babylone et Ninive, et où régnèrent ces rois antiques dont les noms classiques ont souvent retenti à nos oreilles sur les bancs de l'école; empires d'ailleurs qui n'ont pris par la suite quelque importance à nos yeux que par leurs rapports avec les Hébreux ou l'histoire biblique.

Aux Indo-Européens, seconde famille de la race blanche, se rattachent, d'autre part, la plupart des peuples civilisés de nos jours. On sait, en effet, que sous le nom d'*Aryens* et d'*Iraniens*, des races descendues des hauts plateaux de l'Asie, après avoir peuplé l'Inde et la Perse, ont envahi l'Europe, et sont devenues la souche dont nous sommes les rejetons.

L'étude des langues anciennes et modernes, qui a permis de remonter ainsi à l'origine des peuples et de les classer suivant leur races, semble avoir de la sorte confirmé la croyance à un point de départ commun. C'est à l'aide des mêmes méthodes philologiques que l'on est aussi arrivé à distinguer une langue mère qui aurait été celle de nos ancêtres aryens, et que l'on a même voulu retrouver dans le *sanscrit* ou langue savante des Brahmes de l'Inde. Cela n'est pas impossible, bien que contesté.

Voilà ce qu'on peut dire des premiers hommes, en consultant, d'une part, les légendes ou les souvenirs des peuples, et d'autre part, en analysant les éléments qui constituent les langues parlées ; tout ramène à cette conclusion d'une origine ou d'un point de départ communs au commencement des choses.

Mais nous avons signalé une autre source d'information, c'est le sol.

II

Des fouilles relativement récentes, des découvertes faites un peu partout, ont fourni plusieurs vestiges des premiers habitants du globe. Ce sont d'abord des pierres taillées avec plus ou moins d'art pour servir à divers besoins, antérieurement à l'usage des métaux ; ce qui a permis d'établir deux âges successifs, celui de la pierre simplement dégrossie, et celui de la pierre polie. En outre, dans les cavernes qui servaient de refuge à ces hommes des premiers temps, on a trouvé des os d'animaux divers sur lesquels avaient été tracées des figures, essais primitifs d'un art enfantin ; ailleurs, des pierres ou blocs superficiels, les uns rangés en avenues, d'autres dressés auxquels on a donné le nom de *dolmens* ou de *menhirs ;* tout cela figurant les premiers monuments laissés par ces êtres primitifs. On a trouvé davantage : ce sont des crânes et autres ossements humains qui, d'après la nature des terrains où ils étaient enfouis, doivent remonter à des hommes vivants à l'époque dite quaternaire, peut-être même tertiaire, c'est-à-dire à une époque d'une très haute antiquité préhistorique[1].

Ici nous voilà transportés sur une autre scène toute différente, dans un milieu où les choses s'offrent à nous sous un tout autre aspect; il ne s'agit plus d'échos lointains, à travers les légendes à propos de l'origine des premières sociétés, mais bien de la première vie privée prise en quelque sorte sur le fait. Et cette première vie nous apparaît ici comme celle d'êtres tout primitifs, vivant isolés ou en petit nombre, au milieu des bois et dans des cavernes, du produit de leurs chasses : c'est la vie sauvage; comme les sauvages de nos jours, ils n'ont pas même des huttes pour s'y réfugier.

Qui sont-ils, ces êtres, et d'où viennent-ils ? — D'après ce qu'on en a pu découvrir jusqu'aujourd'hui sur le sol européen, c'étaient en général des êtres de petite stature, osseux et ayant quelque ressemblance avec les Lapons de nos jours ou les Samoïèdes et les Esquimaux[2]. Ils formaient sans

1. De l'avis de tous les savants, la durée de l'histoire n'est rien en comparaison de la durée des âges pendant lesquels notre espèce a réellement habité la terre.

2. L'homme des cavernes d'Europe, disent d'autres savants, est intermédiaire entre l'Esquimau et l'Australien : race petite et à tête courte (mongoloïde); une seconde race (négroïde) est grande et à tête longue.

doute une race autochtone, qui rappelait la race boréale actuelle, et qu'ont remplacée les Aryens venus d'Asie, et apportant avec eux la première civilisation. Ont-ils été refoulés vers le Nord par ceux-ci et en partie détruits? C'est ainsi qu'en ont presque toujours agi les races conquérantes avec les vaincus; ceux qui restent se retirent ensuite dans des lieux inaccessibles; certaines contrées du vieux continent offrent encore aujourd'hui des exemples de ces débris d'aborigènes vivant ainsi à l'état sauvage dans les montagnes et les forêts.

En ce qui regarde nos contrées septentrionales, il existe même des souvenirs lointains de petits hommes vivant isolés dans les bois, les Troglodites de France, les Neutons, les Sotais de nos provinces wallonnes; n'était-ce pas là les derniers exemplaires ou traînards de la race primitive?

Mais les découvertes faites pendant le cours de notre siècle nous ont fait pénétrer jusqu'aux âges les plus reculés. Un savant qui a professé à l'Université de Liège, M. Spring, classait en quatre âges les premiers occupants du sol dans nos contrées : 1° L'*âge préglaciaire* ou de l'homme contemporain du mammouth et des grands reptiles survivants des temps tertiaires; 2° l'*âge postglaciaire* ou de l'homme contemporain des grands pachydermes et de l'ours des cavernes, avant que l'Europe eût pris la conformation actuelle; 3° l'*âge diluvial* ou des troglodites de France ou des cités lacustres de la

Suisse; enfin l'âge mixte ou *celto-germanique*, celui de l'invasion des Aryens, dont nous sommes la postérité.

Est-ce à ceux-ci, descendus des hauts plateaux de l'Asie, que s'appliqueraient toutes les légendes des premiers peuples, de telle sorte que ces autres êtres isolés dont on rencontre les pauvres vestiges au sein de la terre et qui ont dû céder la place aux premiers, n'ayant, eux, laissé aucune autre trace de leur existence, devraient être en quelque sorte considérés comme éléments négligeables, ou commencements d'hommes, qui ne pourraient compter ici? Réduits, ou peu s'en faut, à la vie animale, c'est seulement avec ceux qui leur ont succédé qu'aurait commencé l'histoire légendaire des peuples; celle-ci serait uniquement faite des premiers souvenirs d'une race supérieure, de la race indo-européenne, dont le berceau était au centre de l'Asie, et avec laquelle les hommes des âges de pierre n'auraient aucun lien?

Voilà ce qu'on peut se demander. Ou bien ceux qui semblent avoir été les premiers occupants de nos contrées, et dont on retrouve les vestiges dans le sol, étaient-ils des êtres égarés loin du berceau primitif, enfants perdus ou fils dégénérés des premiers hommes? Peut-être des oubliés du déluge, qui n'aurait été qu'un fait local appelé à régénérer d'autres parties de la terre? Problèmes non résolus par la science, et qui ne le seront peut-être jamais.

On trouve autant de difficultés à supposer plusieurs couples, pères du genre humain, qu'à n'admettre qu'un seul.

D'autres problèmes se présentent si l'on se transporte de l'ancien continent sur le nouveau. Ici comme ailleurs, du reste, le sol atteste l'existence des âges de pierre. Mais d'où venaient et à quelle race appartenaient les Indiens d'Amérique, aujourd'hui presque détruits, qui peuplaient cette partie du monde à l'arrivée de Colomb et des conquérants européens? Les savants ont reconnu en eux certains rapports de ressemblance avec la race boréale qui les rapprochent du type mongol, race à laquelle appartiennent les Lapons et les naturels de Sibérie et qui occupe tout le nord de l'Asie et de l'Europe. Cette race aurait pénétré en Amérique par la mer ou le détroit de Behring, aurait peuplé le pays de ces Esquimaux qui la représentent encore le mieux aujourd'hui, et se serait ainsi avancée sur tout le continent du nouveau monde. Bien que différents de stature et de couleur, un trait commun distinguait tous les indigènes de l'Amérique primitive, c'est leur tête pyramidale et l'étroitesse de leur front, traits retrouvés jusque dans les crânes des cavernes du Brésil mêlés aux ossements d'animaux d'espèces éteintes; ce qui prouve l'antiquité de leur origine.

Les tribus américaines auraient donc pour ancêtres des populations de l'extrême nord de l'ancien continent, et dont les rejetons se seraient modifiés à la suite d'une longue série de siècles et sous des influences diverses. En somme, l'Asie resterait le berceau commun.

Sans remonter jusqu'aux origines, le passé du nouveau monde offre d'autres particularités mystérieuses qu'on n'a pu éclaircir jusqu'ici. Il s'agit surtout de ses antiquités, car il en a, et consistant en étranges monuments rencontrés sur son sol. Il en est ainsi, par exemple, des peintures très anciennes qui couvrent les rochers, les falaises, ou décorent les cavernes dans l'Amérique espagnole, et qui offrent un grand travail ; ainsi encore, des *Mound* de l'Amérique du Nord, terrassements curieux et considérables qui revêtent diverses formes plus ou moins étranges; ainsi, enfin des *Pueblos*, constructions étendues en maçonnerie, espèces de phalanstères à plusieurs étages, avec cour au centre, et rangées de chambres au pourtour. A quels peuples, à quels siècles, à quelle civilisation remontent ces singuliers monuments? On l'ignore. Au Mexique, au Pérou et ailleurs, les ruines considérables de grandes villes telles que *Palanque, Copan, Mitla*, rappellent les antiquités de l'Assyrie, leurs temples, leurs palais. Que sait-on pourtant de ces *Tolhecs* et de ces *Astecs* qui ont dominé sur ces contrées, mais dont il ne nous reste guère que les noms? Là aussi, dans ce grand continent inconnu de nos pères, qui pendant des milliers d'années ont ignoré même son existence, il y a donc eu une histoire et une antiquité ; l'homme y a vécu autrement qu'à l'état sauvage ; mais un voile qui probablement ne sera jamais levé, nous cache son origine et son passé.

Voilà un aperçu de ce qu'on sait sur la toute première humanité. C'est peu. Mais si des hauts du Pamir où les légendes des peuples placent leur berceau, nous descendons sur les terres qui forment aujourd'hui la partie émergée de notre planète, partout jusque dans les petites îles de l'Océanie, nous les trouvons peuplées et cultivées par des races plus ou moins diverses qui s'y disputent l'existence ; les unes civilisées, les autres encore barbares, les unes jeunes et progressives, les autres vieilles et stationnaires ; et de telle sorte que, de nos jours, dans la postérité des premiers hommes, les uns diffèrent des autres tout autant que des enfants dans leur faiblesse et leur ignorance, diffèrent des hommes faits, forts et supérieurs.

LES SAUVAGES DE NOS JOURS

Aux yeux de la plupart des savants, entre l'état des peuples sauvages contemporains et l'état originel des premiers hommes, il existe une analogie presque parfaite; chez les uns et chez les autres, même existence rudimentaire, qui se révèle dans les traces qu'a laissées l'âge préhistorique, comparées, dans leurs détails, à ce que nous pouvons voir encore aujourd'hui de la vie sauvage sur quelques points du globe.

Parmi les circonstances qui aident l'homme à sortir de ce premier état, il faut citer ce qu'il doit à ses instincts d'imitation et d'appropriation.

L'instinct d'imitation est un commencement d'intelligence. Il existe chez les enfants et chez les races primitives, lesquelles sont composées de grands enfants[1]. Parmi les civilisés, il perd de sa force à mesure que les idées se multiplient; là, on a des conceptions à soi, qui servent de mobiles

1. On sait qu'il est très prononcé chez le singe, l'animal le plus rapproché de l'homme.

et créent l'originalité. L'imitation, en effet, chez les êtres incomplets, n'est qu'une façon de suppléer à la pauvreté des idées personnelles en utilisant celles des autres. Les premiers hommes, n'ayant pas d'ancêtres, ont imité la nature, ensuite, les enfants leurs parents, et plus tard les êtres supérieurs ont continué à servir d'imitation aux êtres inférieurs, et les peuples civilisés aux sauvages, jusqu'à ce que les esprits fussent eux-mêmes émancipés partout. Jusque-là, on a trouvé instinctivement que l'imitation était bonne, ou du moins nécessaire à l'action; sinon, aucune initiative où l'on n'a rien en propre.

Toutefois, de nos jours, à propos d'imitation et d'assimilation, l'expérience et les rapports de sauvages à civilisés ont révélé des faits d'où il résulte qu'il y a plus loin qu'on ne pensait des uns aux autres.

On a ainsi acquis la certitude, par exemple, que le corps humain, de même que l'intelligence humaine, ne peuvent passer brusquement et sans préparation de l'état primitif à l'état civilisé, à moins de dommages de plus d'une sorte. A Tahiti et aux îles Sandwich ou Hawaï, l'introduction de la civilisation européenne a eu pour résultat une diminution considérable de la population. On a observé à ce propos, particulièrement à Tahiti, que les insulaires, forcés de se vêtir, étaient sujets à des bronchites et autres affections des voies respiratoires, dont ils étaient exempts lorsqu'ils marchaient à peu près nus.

Dans la Nouvelle-Zélande, l'introduction de la civilisation a eu des conséquences analogues : « Par une sorte de loi qui semble se vérifier partout, dit un voyageur anglais, M. Moss, depuis que la paix et la civilisation ont répandu leurs bienfaits sur .es farouches Maoris, ils se sont mystérieusement atrophiés; leur population s'est réduite des deux tiers, et eux-mêmes semblent envisager comme une conclusion fatale l'extinction de leur orgueilleuse race. » Et ainsi encore en est-il des Indiens peaux rouges du nouveau-monde[1].

Le contact et le spectacle de la civilisation, loin d'être utiles aux hommes primitifs non préparés, a eu plus d'une fois pour eux d'autres conséquences imprévues. Ainsi, on a vu de jeunes sauvages, enlevés à leurs tribus dès l'âge le plus tendre, transportés en Europe, et élevés, avec succès d'abord, dans les idées et les mœurs des peuples civilisés, se dérober à la première occasion, et, obéissant à un attrait instinctif, retourner à la vie de leurs pères, qu'ils avaient à peine connue. Ce fut, entre autres, le cas de Benilong, chef australien, qui, devenu parfait gentlemen anglais, reprit la vie sauvage dès sa rentrée dans son pays[2].

1. Mêmes effets de la civilisation sur les naturels des îles Fidji.
2. Des missionnaires ont constaté qu'il fallait au moins

L'influence de la cilivisation sur ces êtres primitifs a eu des conséquences d'une autre nature, mais plus funestes encore. Vers 1820, un chef zélandais, Hongi, est emmené en Angleterre par des missionnaires de cette nation qui désirent lui faire visiter leur pays. Avant ce voyage, Hongi était un homme de mœurs douces et paisibles; à son retour dans son île, fasciné par ce qu'il venait de voir sans y rien comprendre, et emporté par un orgueil tout sauvage, il veut devenir puissant comme le roi d'Angleterre, et, pour arriver à ses fins, il porte partout le ravage et la mort et se rend coupable d'actes de la plus révoltante férocité. Tel fut l'effet pour la patrie de Hongi d'une visite chez les peuples civilisés.

Les hommes ne sont à leur début que de grands enfants, qui imitent maladroitement, qu'on égare aisément et qui se portent au mal en aveugles. « Il est positif que l'intelligence humaine ne peut saisir les vérités qu'en leur temps. L'humanité est comme l'individu, sa réceptivité n'est pas la même à tous les âges, et la science ne lui est départie qu'en raison des efforts qu'elle fait elle-même pour son avancement; pour acquérir une vérité nouvelle, il faut d'abord qu'elle se crée un organe capable de la saisir. » Voilà ce que disait un savant recteur de l'Université de Liège, il y a quelques

trois générations pour assurer aux sauvages en général les bienfaits de la civilisation d'une façon permanente.

années[1]. Un organe ou des organes, oui, c'est là en effet ce qui paraît manquer à certains êtres ou à certaines époques; il faut que l'instrument de la pensée, de même que tout ce qui constitue tout ensemble l'être physique et l'être moral, soient arrivés à un certain état d'organisation et de progrès, pour que l'homme profite au spectacle et au contact de la civilisation, et pour que la civilisation, dans un trop rapide essor, ne tourne pas à mal pour lui.

Tant il est vrai que l'humanité, au point de vue matériel comme au point de vue moral, subit dans son évolution des lois que l'on ne peut enfreindre impunément.

1. Le Dr Spring.

LE PROGRÈS EST-IL LE BONHEUR?

Après avoir successivement passé, par l'enfance primitive d'abord, par les âges de barbarie ensuite, par les premières civilisations enfin, l'humanité est entrée dans la voie du progrès continu, progrès des idées, progrès des sentiments, progrès des institutions : c'est l'état actuel des nations les plus civilisées, depuis un siècle surtout. Plus instable, plus mouvementé, cet état qui constitue le progrès, on ne peut dire précisément qu'il fait le bonheur : voilà pourtant une erreur assez commune à notre époque.

Si le bonheur en ce bas monde, dépend en partie, sans doute, de certaines conditions matérielles et sociales dont on ne peut être privé sans souffrance, il est au fond plutôt la conséquence d'un certain *état d'âme* indépendant de tout progrès, ou du moins de ce que de nos jours on appelle de ce nom. Le bonheur n'est souvent que *la paix*, la paix qui fuit devant les agitations et les inquiétudes qui accompagnent le progrès dans ses révolutions ; le bonheur, c'est au fond le *contentement*, comme on dit vulgairement, et le contentement, c'est quelque chose de modeste et de relatif, auquel reste souvent étranger le progrès social[1].

Nous sommes aujourd'hui *matériellement*, et même *socialement*, mieux pourvus que nos pères, sans contredit ; et si les plaisirs, dans leur multiplicité et leur variété, constituaient le bonheur, nulle époque n'aurait été plus fortunée que la nôtre ; eh bien ! sommes-nous plus contents ? Nous le sommes peut-être moins ; ce qui se passe tend même à le faire croire : jamais on n'a vu plus de suicides que de nos jours, c'est-à-dire plus de gens pour lesquels la vie est un fardeau. A quoi sert donc le progrès, si loin d'être une condition de bonheur, il porte plutôt le trouble dans l'âme ?

Le progrès, au point de vue matériel, social et moral, a une double tendance : d'abord mettre à l'abri des maux qui naissent des privations et des iniquités de l'existence, en augmentant les ressources publiques par le travail et la science, et la justice par une meilleure organisation de la société : c'est là surtout l'œuvre de nos jours, entreprise au profit de ceux, en grand nombre, qui pouvaient encore déplorer la cruauté de la vie.

Mais ce dernier but fût-il même atteint, le progrès en a un autre plus général et plus haut, qui

1. Mme de Lafayette écrivait à Ménage : « Quand on croit être heureux, vous savez que cela suffit pour l'être. »

ne pourra jamais cesser de le solliciter : c'est de porter l'humanité au point le plus élevé possible de civilisation, dût la part de ce que nous appelons bonheur rester pour nous toujours médiocre ; une poussée instinctive fait que nous nous élevons sur l'échelle, le point culminant à atteindre fût-il même toujours un mystère pour nous.

Envisagé au point de vue de chacun de ces deux buts, l'un actuel et l'autre final, le progrès dans ses rapports avec le bonheur diffère d'aspect : il s'offre, d'une part, comme un bien dont les effets immédiats sont très appréciables aux yeux des classes déshéritées, lors même qu'elles le payeraient parfois d'agitations mêlées de déceptions ; il s'offre, d'autre part, comme un mobile fait pour hausser l'humanité jusqu'aux sommets de sa destinée, mobile auquel cèdent, malgré leurs préjugés et leurs tendances conservatrices, les classes supérieures qui ont le moins à se plaindre de leur sort. C'est ainsi que par les conservateurs eux-mêmes, les sages comme les sots, s'accomplit souvent le progrès des choses et des idées et se prépare l'œuvre de l'avenir. C'est qu'il y a ici une force agissante et mystérieuse qui aveugle sur les intérêts particuliers, et à laquelle, sciemment ou non, tout le monde finit par obéir : ce sont les idées qui mènent le monde [1].

1. Voyez les antécédents de la révolution de 1789 en France : ce furent les salons et la cour qui acclamèrent

C'est surtout en pensant à ces classes qui ont le plus à se louer de leur sort, qu'on peut dire que le progrès importe moins au bonheur qu'au perfectionnement de l'espèce. Ce sont celles-là, les riches, qui disent, une fois l'œuvre achevée : « Nous voyons bien les sacrifices que nous avons eu à faire, mais les jouissances que nous en retirons nous laissent-elles plus contents qu'hier? » Non; on reste avec ses tendances inassouvies. Le progrès n'en est pas moins une école dont on profite à d'autres égards, mais il est si peu le bonheur, comme on l'entend, qu'on pourrait dire, en un certain sens, que les plus heureux sont les êtres simples qui ne progressent pas.

C'est ce qui commence à être compris de nos jours. « Qu'est-ce donc que le bonheur? » se demandait naguère un collaborateur de la *Revue des Deux Mondes?* « Hélas! répondait-il, c'est précisément la satisfaction de ce que nous sommes, de ce que nous avons; c'est la résignation, qui est le contraire du progrès; et le contraire de la résignation, l'ambition, l'effort, c'est le progrès lui-même. Mais l'ambition et l'effort ne sont pas le bonheur... Le progrès, l'ardeur pour le mieux, qui est favorable à la collectivité, est en quelque façon destructive du bonheur de l'individu, parce qu'il le pousse à n'être jamais satisfait. A cet égard, la civi-

Rousseau et ses idées démocratiques; et aujourd'hui ce sont les bourgeois qui ont aidé à l'avènement des socialistes.

lisation, qui donne tant de jouissances réelles, ne donne pas le bonheur moral; peut-être lui est-elle contraire, parce qu'elle suscite plus d'appétits qu'elle n'en assouvit, et que les tristesses imaginaires ne sont pas les moins douloureuses [1]. »

C'est un fait peu contestable que ce que l'on appelle le bonheur s'accommode mieux en général d'autres milieux que, des milieux civilisés : les champs, la mer, la nature. N'aurait-il rien de commun, par exemple, avec ces grands spectacles de la nature au milieu desquels vivent des populations qui ne savent rien de nos progrès, et dont s'inspire leur âme primitive? L'Arabe du désert est-il plus malheureux que nous?

Quoi qu'il en soit, l'humanité est contrainte de marcher; une fois entrée dans la voie, et à mesure qu'elle s'élève, les lois du progrès social deviennent aussi impitoyables que celles de la nature. Ainsi, devant la nature les individus ne sont rien, elle les sacrifie à l'espèce; la mort fauche les hommes sans distinction d'âges ou de mérites; elle brave les larmes et reste sourde aux supplications des malheureux; notre vie ne tient souvent qu'à un fil; et tandis que tout se réunit pour maintenir l'espèce et pour rapprocher les sexes, tout dans les lois auxquelles l'humanité obéit menace la vie individuelle.

1. M. le vicomte d'Avenel. — « Nos désirs inassouvis font le progrès; toujours de nouveaux efforts (Bastiat). »

Eh bien, de même que dans la nature, les individus, dans le domaine des lois historiques et sociales, sont sacrifiés au bien de la généralité. Lorsqu'un ordre de choses moins bon doit faire place à un ordre de choses meilleur, ceux qui vivaient du passé ont beau se lamenter sur leur sort, le bien de tous les condamne à se sacrifier ou à disparaître devant l'ordre des choses nouveau ; on résiste, on voudrait arrêter le progrès dans sa marche ; mais les digues qu'on oppose aux assauts du progrès véritable — il ne s'agit ici que de celui-là — sont un jour emportées, et la liberté ensuite rend tout possible au bien réalisable et juste ; malheur aux faibles et aux incapables, aux ignorants et aux aveugles, aux cupides et aux obstinés ! La victoire est aux nouveaux venus, et la défaite est pour ceux qui restent attachés au passé ; l'ancienneté, les droits acquis, les titres à l'estime et à la considération, rien n'y fait ; vous appartenez à un monde destiné à disparaître, car un nouveau soleil plus bienfaisant s'est levé sur l'horizon ; les intérêts se déplacent, mais il n'y a qu'un intérêt qui compte, c'est celui de l'ensemble social, devant lequel doit céder l'intérêt des particuliers.

Ce n'est toutefois que dans leur fin, qui est également inévitable, et non dans leurs moyens, que les lois du progrès sont à assimiler à celles de la nature. En effet, dans la nature on a affaire à des forces matérielles, qui sont brutales par essence, tandis que l'ordre social est plutôt soumis à des forces morales dont l'action est plus douce ou plus lente, et dont les influences sont graduées : de là, différence des méthodes. Quant la mort frappe les individus, quand la nature, dans ses convulsions, détruit les choses aimées, elles nous laissent à peine le temps de croire que ce qui fut n'est déjà plus. Mais que la loi du progrès s'impose à un ordre de choses qui a fait son temps, la lutte s'établit entre ce qui fut et ce qui doit être, lutte longue et qui donne ainsi le temps aux vaincus de considérer leur défaite et de finir par s'y résigner. Il y a plus : c'est que souvent le progrès social échoue par trop de hâte, et qu'il ne vient à bien que par sa lenteur. Mais ce qui est constant, c'est que, du côté du progrès social comme du côté de la nature, avec des différences de tempéraments, la loi doit s'accomplir tôt ou tard et ne souffre ni exception ni grâce.

Le bonheur est comme un beau rêve dont vient réveiller une voix du dehors qui nous dit : « Ton voyage n'est pas achevé; tu n'en es encore qu'aux premières étapes; marche, marche! plus loin est le repos, plus loin est le but. »

Le progrès auquel est condamnée l'humanité, le progrès qui n'est pas le bonheur, fait penser à ce récit de la genèse, qui est l'objet d'un acte de foi pour les uns, et un simple mythe pour les autres : nous voulons parler de l'histoire de l'arbre de la science du bien et du mal; car le progrès ne remonte-t-il pas à la science ?

On lit dans Herder à propos de ce récit : « Au milieu du paradis terrestre s'élève un arbre défendu, qui, d'après les discours du serpent, porte les fruits de la science divine à laquelle l'homme aspire. Ces aspirations pourraient-elles s'élever plus haut ? Pourrait-t-on davantage ennoblir sa chute ? A ne le prendre que comme une allégorie, si l'on compare ce récit à ceux des autres nations, n'est-il pas la représentation la plus vive, le symbole le plus élevé et le plus poétique de ce qui toujours a fait le bien et le mal de notre destinée ? De vains efforts pour arriver à la science, la liberté dont nous usons et dont nous abusons, le désir toujours vivace d'éloigner ou de briser ces barrières que la loi morale impose à la faiblesse qui doit se gouverner et se sauver, voilà la roue du feu qui broie nos cœurs et forme le cercle entier de notre vie. C'est ce que le vieux philosophe connaissait aussi bien que nous, et dont il a fait l'objet d'un conte populaire qui comprend presque tous les degrés de la pensée humaine. »

Ce conte, pour employer l'expression de Herder, ce conte ou ce mythe de l'arbre de la science du bien et du mal, du serpent et de la femme, porte d'ailleurs une physionomie si particulière qu'il semble une allégorie ayant quelque vérité primordiale pour fondement, bien plutôt qu'un rêve sorti de l'imagination enfantine des premiers peuples, ou qu'une légende passée dans leurs traditions. A en croire les savants, Moïse n'en fut pas le premier ou l'unique dépositaire; selon de Lamennais[1], entre autres, l'histoire d'Adam et de sa chute se retrouve jusqu'en ses détails dans les traditions les plus reculées des Persans et des Hindous. C'est donc comme un écho des premiers jours du monde.

Ne pourrait-on pas dire que la vérité que recouvre cet apologue est celle-ci : Les conquêtes de la science ont souvent pour rançon la perte de la paix de l'âme, notre paradis terrestre; c'est de son bonheur parfois que l'homme paye sa curiosité?

Toujours à propos du sens à attacher à ce mythe, M. Cousin a écrit quelque part : « Avant la science et la réflexion sont l'innocence et la foi; la science et la réflexion engendrent d'abord le doute, l'inquiétude, le dégoût de ce que l'on possède, la poursuite agitée de ce que l'on ignore, les troubles de l'esprit et de l'âme, le dur travail de la pensée, et, dans la vie, bien des fautes, jusqu'à ce que l'innocence, à jamais perdue, soit remplacée par la vertu, la foi naïve par la vraie science. »

Nous écrivions un jour nous-même ailleurs : « En sortant de la vie instinctive pour entrer dans la vie de l'esprit, l'homme a goûté au fruit de l'ar-

---

1. *Essai sur l'indifférence.*

bre de la science ; il semble qu'il ait été puni de son orgueil en perdant sa tranquilité première ; mais son sort l'appelait à la reconstituer dans un degré plus élevé de bonheur : c'est la rédemption[1]. »

1. *Essai de philosophie pour tous.*

LA FAMILLE, LA PATRIE

ET LA RELIGION

La famille est l'élément initial des sociétés ; la patrie est un ensemble déterminé de familles que relient des rapports divers. Le monde a débuté par des ensembles fragmentaires, qui se sont progressivement étendus et fusionnés pour former les peuples et les grandes patries de nos jours. Telle a été dans le passé la marche des sociétés. Aujourd'hui les sociétés tendent à un nouveau rapprochement, à une nouvelle fusion, auxquels les traditions de l'esprit familial et de l'esprit patriotique seront condamnées à faire certains sacrifices : c'est qu'au-dessus de la famille et de la patrie, il y a l'humanité et ses tendances plus universelles et moins exclusives

Le sentiment de la famille répond à une tendance intime du cœur humain, à un instinct naturel partagé par les animaux eux-mêmes, même par les plus insociables. L'homme l'éprouve plus complètement que toute autre créature, parce qu'il est plus sociable, et il est plus sociable parce qu'il est plus intelligent. Ce sentiment est fait pour résister à toute révolution dans les mœurs et dans les institutions parce qu'il est inséparable de tout progrès social et de toute civilisation; en un mot, bien que soumis à l'évolution nécessaire des choses, il est dans notre nature.

Peut-on en dire tout à fait autant du sentiment ou de l'amour de la patrie? Non; à mesure que les liens s'étendent, ils doivent s'affaiblir et se relâcher. Cependant il est également naturel à l'homme de s'attacher au sol qui l'a vu naître, qui recouvre les os de ses pères, aux lieux où il a passé son existence, aux voisins qui parlent sa langue, qui lui sont frères par les mœurs et les usages, dont l'histoire est son histoire, dont les intérêts sont en somme ses intérêts. Mais ce sentiment est moins général, moins intime, il nous tient moins au cœur que le sentiment de la famille, parce qu'il nous est moins nécessaire sans doute, et que la nature semble partout avoir proportionné aux nécessités de la vie la vivacité de nos sentiments. Ce n'est pas qu'on n'ait vu des hommes, que l'antiquité — plus encore que les temps modernes — a vénérés pour leur héroïsme, sacrifier leurs proches à l'amour de la patrie; mais il faut dire que ce sont là des cas exceptionnels, ou qui se sont produits

avec le concours de circonstances particulières...
à moins toutefois qu'il n'y ait ici un véritable
égarement de l'esprit et du cœur, et qu'il ne
faille reconnaître des bornes aux meilleurs sentiments.

C'est que, pour naturels que soient les sentiments de la patrie et de la famille, ils ont aussi
leurs abus et leur malfaisance. Ces abus et cette
malfaisance se font d'autant plus sentir que la civilisation progresse davantage ou que les lumières
s'étendent et s'avivent. La civilisation vise à une
unité d'idées, de sentiments et d'intérêts, que les
tendances particularistes ou individualistes vien-
nent souvent contrarier. Cette unité s'entend du
bien le plus général et le plus étendu possible, tandis qu'il arrive que les sentiments qui nous tiennent
souvent le plus au cœur s'inspirent au contraire
d'un égoïsme étroit. A certain point de vue huma-
nitaire, la famille comme la patrie sont égoïstes
et insociables. Les sentiments qu'elles inspirent
divisent là où il faudrait concilier ; et l'harmonie
générale, résultant d'une règle générale, est ainsi
d'autant moins possible que ces sentiments sont
plus ardents et partant plus exclusifs. Or, c'est
chez les peuples les plus primitifs, les plus près de
la nature, qu'ils sont les plus vivaces, et c'est là
que les haines de famille à famille, et surtout les
haines internationales et patriotiques de peuples à
peuples, ou même de villes à villes et de villages à

villages, ont toujours constitué le plus grand obstacle à la civilisation.

Quant aux haines de familles, l'histoire de l'antiquité et celle du moyen âge ne manquent pas d'exemples célèbres à invoquer. Que de drames sanglants et d'horreurs! Chaque membre, dans son orgueil familial ou dans ses attachements de cœur, se croit personnellement intéressé ici aux vengeances et aux représailles criminelles; voix du sang ou orgueil du nom, peu importe, ce n'est pas moins barbarie; car là, ce dont on s'inquiète le moins, c'est de justice et d'humanité; et il semble que l'honneur de la famille, ou ce qu'on appelle de ce nom, doive faire excuser tous les crimes; si des scrupules retenaient les meilleurs, ils seraient accusés de trahison ou de lâcheté par les leurs.

Lors même que l'esprit de famille n'engendre point ces passions qui distinguent les peuples barbares ou demi-civilisés, il peut comme de nos jours, en particularisant les intérêts, nuire à la largeur des vues ou aux sacrifices qui sont nécessaires au bien de l'ensemble. On se justifie de nuire à la société en disant qu'on se doit aux siens; oui, sans doute, on se doit aux siens; mais les sentiments naturels qui nous guident ici ne sont tout à fait respectables, dans leur intimité, que pour autant que les autres, c'est-à-dire la justice et la civilisation, n'aient pas à en souffrir. Par sa tendance néanmoins, l'esprit de famille fait souvent que c'est là ce dont on s'inquiète le moins.

Cette tendance à s'abstraire de la généralité ou de la société, doit donc avoir des limites dans l'intérêt de l'ensemble ; et ces limites sont d'autant plus respectées, que la conscience des peuples et l'esprit public font plus de progrès.

Il en est de même du patriotisme, qui, comme l'esprit de famille, est un élément social primitif inséparable des instincts de notre cœur. Ce sentiment fut surtout cher à ce que nous appelons l'antiquité classique, qui a précédé l'ère chrétienne ; il anime l'histoire de la Grèce et de Rome, et a offert des exemples d'héroïsme à l'admiration des modernes. Sous des formes plus barbares, il a fomenté des guerres continuelles entre les petits peuples primitifs, dont l'existence, esclave de leurs traditions, n'est souvent qu'une suite de carnages et de scènes sauvages.

C'est là, en effet, qu'aboutit en général, ou trop souvent, l'esprit patriotique, lequel est, comme on sait, si facile à entraîner vers la domination ou sur ce qu'on appelle le chemin de la Gloire. Cette passion est d'autant plus irrésistible qu'elle est partagée pour un plus grand nombre d'êtres vivants de la même vie, et qui s'entraînent les uns les autres. Dans ces conditions, on fait facilement abstraction des principes généraux de justice et d'humanité, et à d'autres égards, on se met au-dessus de maintes questions qui intéressent l'avenir des peuples. De là tant de ruines et tant de sang inutilement versé, que l'histoire peut mettre sur le compte de l'esprit patriotique dans les abus auxquels il est enclin. Quand il ne va pas jusqu'à ces grands désastres historiques, ce sentiment, mêlé à l'esprit local ou aux intérêts locaux, est de sa nature assez égoïste et exclusif pour nuire à la bonne entente ou à l'harmonie nécessaire aux progrès économiques d'une civilisation complète, inséparable des bons rapports internationaux.

Aujourd'hui, avec une idée plus compréhensive et plus générale des choses, avec des mœurs plus douces résultant d'une éducation plus éclairée, tout en faisant leur part légitime à l'amour de la famille et à l'amour de la patrie, nous savons mieux apprécier quelles bornes ces sentiments individualistes ou particularistes ne doivent pas dépasser dans l'intérêt de la civilisation générale. Il y a à notre époque tendance vers un cosmopolitisme dont il ne faut pas s'exagérer les bienfaits, mais qui n'en a pas moins des avantages qu'on ne peut méconnaître. S'il y a quelque chose de bon dans les idées du socialisme contemporain, au point de vue économique et au point de vue de la paix, c'est l'abaissement des frontières, contre laquelle, en dépit de ces tendances louables, semblent encore protester les gouvernements protectionnistes et militaires. On élève toujours des forteresses et des lignes de douanes ; mais les peuples commencent à comprendre que leurs intérêts, d'accord avec celui de la civilisation, sont dans ce qui les unit et non dans ce qui les sépare et les divise¹.

Et à ce dernier égard, ne peut-on pas dire que la religion aussi a des progrès à faire ? Nous disons la religion et non les religions. L'on ne sait que trop, d'après l'histoire, que les diverses religions, dans leur exclusivisme, ont été, en effet, l'une des principales causes de troubles entre les nations et de divisions entre les hommes ; auxiliaires de la moralité publique, à côté de besoins élevés à satisfaire, elles ont, d'autre part, assumé dans les annales du monde la responsabilité de guerres sanglantes et désastreuses presque jusqu'au seuil de notre époque². Si par la liberté de conscience

1. Il y a cent ans que Gœthe s'écriait déjà : « Le patriotisme à la façon des Romains, que Dieu nous en préserve ! » Et tels étaient en Allemagne les sentiments de Schiller, de Herder, de Lessing et autres encore. En ce pays-là, on semblait plus près des espérances de l'avenir avant qu'après Iéna.

2. La guerre de Trente ans entre l'empire catholique et l'Allemagne protestante fut une guerre religieuse qui retarda pour longtemps la civilisation de ces pays ; ses effets furent désastreux ; au dire des historiens, ces contrées y perdirent les trois quarts de leur population, les deux tiers de leurs propriétés bâties, les neuf-dixièmes de leur bétail. Ce n'est qu'au bout de deux siècles que l'Allemagne a pu retrouver la prospérité dont elle jouissait vers 1618... Et tout cela pour le salut des âmes, qui n'en restèrent pas moins, les unes avec le pape, les autres avec Luther et Calvin !

inscrite dans les institutions modernes, elles peuvent coexister et doivent se tolérer les unes les autres, on sait que, obéissant plutôt à ce qui les divise qu'à ce qui les unit, elles n'en restent pas moins une cause sourde de divisions intérieures, qui disparaîtrait dans un esprit plus large et plus vraiment religieux.

C'est dans cet esprit moins exclusif et moins absolu qu'on voudrait espérer qu'elles se rapprocheront un jour. Il resterait alors de l'ensemble des religions particulières ce qui constitue plus ou moins leur fond commun à elles toutes, c'est-à-dire une doctrine qui loin de diviser unirait, et aiderait davantage à la civilisation, sans risquer de faire obstacle à ses progrès : ce serait la vraie et la grande religion universelle, dont l'Évangile porte le germe.

Famille, patrie, religion, voilà donc des élément sociaux naturels dont l'action nécessaire ne peut se comprendre aujourd'hui tout à fait comme autrefois; nos pères, plus exclusifs que nous dans leurs sentiments, moins sociables dans leurs mœurs, étaient condamnés à une civilisation plus bornée dans ses points de vue et moins complète dans ses résultats.

Plus nos idées s'élargiront, plus notre horizon s'étendra, moins alors les peuples se feront obstacle les uns aux autres, moins l'égoïsme familial ou patriotique exposera la paix entre les hommes, et plus nombreux seront les fruits qu'ils retireront d'une société éclairée des lumières du cœur et de l'esprit, et qui fera mieux sa part à la solidarité humaine.

L'ORDRE SOCIAL

PAR L'AUTORITÉ ET LA LIBERTÉ

Le gouvernement des sociétés humaines s'est toujours trouvé placé entre deux écueils : accorder trop à la liberté et tomber ensuite dans le désordre et l'anarchie, ou bien retenir trop aux mains de l'autorité et voir un jour les hommes au pouvoir gouverner en despotes à leur profit ou au profit de leurs amis. Entre ces deux écueils se trouve le champ clos où se sont de tous temps livrées les luttes politiques et sociales : les amis de la liberté ont en général toujours été ceux qui se trouvaient en dehors du pouvoir, et ses ennemis presque constamment ceux qui l'exerçaient et en profitaient. C'est là une des pages les plus curieuses et les plus mouvementées dans l'histoire de l'égoïsme et de l'orgueil du cœur humain. Encore aujourd'hui que sont les partis politiques? Rien autre chose en général que des associations pour conquérir le pouvoir et en recueillir les profits ou les honneurs.

Si l'on remonte aux principes toutefois, il est vrai que le pouvoir doit être fort, même absolu, dans les sociétés primitives et incapables, où les hommes ne sont que de grands enfants qui ont besoin de tuteurs; c'est à cette condition seule qu'ils sont amenés au progrès et à la civilisation, c'est-à-dire avec l'aide et sous l'autorité d'êtres mieux doués ou plus éclairés, capables d'imprimer une direction salutaire à l'ensemble, et assez forts pour vaincre les obstacles qui tendraient à maintenir indéfiniment l'enfance de ces primitifs. N'est-ce pas ainsi, comme nous l'apprend l'histoire, qu'a débuté la civilisation des sociétés? Aujourd'hui encore, n'est-ce pas par l'autorité que prennent les civilisés sur ceux qui ne le sont pas que le progrès se fait au cœur des pays encore barbares? Personne ne l'ignore.

Oui! au principe des sociétés le pouvoir doit être fort pour que le progrès soit possible. Mais à mesure que la tâche s'achève, la contrainte doit se relâcher, et la liberté, c'est-à-dire l'initiative privée, assumer une partie des responsabilités du pouvoir; les peuples arrivés là sortent de tutelle pour commencer à se gouverner eux-mêmes, et ils y réussissent d'autant mieux que leur éducation morale et intellectuelle est plus avancée. L'on voit ainsi ce qui se passe dans la famille, entre les enfants et les parents, se reproduire ici en quelque façon chez les peuples, entre les gouvernés et les gouvernants pour arriver par deux voies parallèles à un but commun.

Il y a donc en jeu deux forces, l'autorité et la liberté, qui doivent concourir ensemble à la civilisation des sociétés, et dans une mesure déterminée par les circonstances. Mais, en fait, ce sont deux forces ennemies et qui se jalousent ; l'on ne peut donner à l'une sans prendre à l'autre, et dans la lutte elles se partagent les suffrages des hommes, lesquels ici obéissent à leurs intérêts privés et à leurs passions, bien plus, en général, qu'à l'intérêt public ou à de plus nobles mobiles.

Cependant il est dans la force des choses que la mesure dans laquelle doit concourir à l'œuvre commune chacune de ces deux forces soit encore ici déterminée par des principes. Quel que soit l'avancement d'un peuple, il ne peut pas plus se passer d'un pouvoir dirigeant que le navire d'un nautonier ou d'un capitaine, et ce capitaine, auquel il faut obéir, retranche d'autant à la liberté des passagers : c'est ainsi, sinon gare le naufrage ! Et c'est ainsi sur la terre ferme tout comme sur la mer : la liberté complète, la liberté de tout faire comme l'entendent parfois les imbéciles ou les gens à mauvais desseins, c'est le naufrage en perspective. Dans toute société, indépendamment de la direction indispensable, il faut accepter une contrainte, parce que la liberté ne suffit pas pour amener les gens à bien faire. Il n'y a pas à dire, en effet : même dans nos sociétés dites civilisées, les trois quarts des gens, pour faire leur devoir, avec quelque sacrifice personnel de leur part, doivent être contraints par les circonstances, sinon par la force des lois ou du pouvoir dirigeant; spontanément, en vue du bien général, par raison ou par sentiment de justice, non! Et voilà pourquoi, ajouterons-nous ici, la religion, chez ceux qui ne font qu'à l'aide de la foi ce que d'autres font par les seules lumières de la raison et de la conscience, voilà pourquoi la religion est une force morale souvent invoquée par les gouvernements et qui les aide dans l'œuvre du progrès de la civilisation ; à une condition pourtant, c'est qu'elle se garde de sortir de son rôle naturel de moralisatrice, et ne veuille pas elle-même se mettre au-dessus des lois.

La liberté n'a donc dans l'œuvre commune qu'un rôle circonscrit par les nécessités du pouvoir. Mais jusqu'où vont ces nécessités? L'on ne gouverne qu'avec l'ordre, et l'ordre est un compromis entre la liberté et l'autorité; mais quels sont les termes de ce compromis? Voilà où l'on cesse de s'entendre.

Les gouvernements modernes, gouvernements mixtes, entre l'absolutisme et les démocraties plus ou moins désordonnées, ont admis certaines libertés nécessaires et fondamentales; seulement, dans l'exercice du pouvoir et suivant leurs diverses tendances, les gouvernants tiennent compte de ces libertés d'une façon plus ou moins large ou plus ou moins restrictive : il s'agit, comme on sait, des libertés de la presse, de l'enseignement, de conscience, d'association ; il s'agit encore de la liberté pour les gouvernés de nommer leurs députés aux Chambres et pour celles-ci des libertés parlementaires. En Angleterre, pays de traditions parlementaires, il n'y a guère de discussion sur ce qu'on appelle les libertés nécessaires : dans notre siècle, entre les whigs libéraux et les tories conservateurs, tous les efforts se sont à peu près bornés à étendre le droit de suffrage, en d'autres termes les libertés politiques.

En France, sous la Restauration et le gouvernement de Juillet, l'école doctrinaire des Royer-Colard et des Guizot n'admettait guère pleinement qu'une certaine liberté politique ou du citoyen participant à la chose publique, et en dehors de laquelle les gouvernants responsables doivent conserver une grande latitude ; représentant la raison et les lumières, tout comme le droit et l'autorité dont ils sont les légitimes dépositaires, ils ne sont justiciables que de leur conscience en attendant le grand jour de l'appel fait aux électeurs et à la nation, qui jugeront s'ils ont bien ou mal gouverné : voilà ce qu'ils prétendaient.

C'est là une belle théorie, on pourrait même dire la vraie ; mais elle a été jugée *trop théorique* par les partisans de la démocratie moderne. C'était bon, a-t-on dit depuis, pour les classes moyennes et bourgeoises de cette époque et dans le but de leur maintenir le pouvoir, en les appelant seules à juger des coups.

Au fait, s'il y avait là des gouvernants qui s'inspiraient plus ou moins de certains principes nécessaires ou de certains besoins de circonstance, dans l'idée qu'ils se faisaient de l'intérêt du pays, il y avait là aussi des gouvernés tenus en dehors du pouvoir et qui voulaient y entrer, et si ceux-ci faisaient appel à plus de liberté, en le faisant ils pensaient sans doute beaucoup au pouvoir à conquérir.

Quoi qu'il en soit, en France et même ailleurs, le siècle finit à l'avantage des doctrines démocratiques et sociales : c'est l'avènement du *quatrième état*, comme on dit. Mais si les gens qui aiment surtout la liberté, croient voir ainsi leurs vœux s'accomplir, qu'ils se détrompent. On s'est aidé de la liberté pour arriver là, mais le quatrième état n'est guère au fond ami du régime libéral, car il a besoin du pouvoir, et il y tient. Comte, l'un des pères du positivisme qui a conduit au socialisme de nos jours, Comte pensait que la liberté ne peut être le principe d'un régime définitif, qu'elle n'est bonne que pour détruire ce qui a fait son temps, que c'est la forme transitoire où se prépare le régime futur, et qu'enfin celui-ci trouvé, il doit être soutenu par l'autorité indiscutée des plus capables ou des plus dévoués.

Cela peut aussi devenir le régime du bon plaisir exercé autrefois par les monarchies absolues en faveur des grands et contre lequel ont tant réagi les générations modernes; mais avec cette différence qu'il s'exercerait ici au nom et au profit des petits et du peuple : qu'on se rappelle le règne des Jacobins en France il y a cent ans. En tout cas, ici comme là, ont trouverait difficilement place pour la liberté dans ce nouvel ordre de choses; voilà ce qui semble le plus clair.

Il y aurait donc un gouvernement où la liberté serait supprimée ou du moins n'occuperait qu'une place fort restreinte : ce serait celui par lequel un effort extraordinaire serait nécessaire pour réformer une société vieillie, ou corrompue, ou mal organisée, et où l'initiative privée se trouverait impuissante. En admettant même cette nécessité, une fois le nouvel ordre de choses affermi, il arriverait toujours un moment où la liberté réclamerait ses droits et sa place légitime et indispensable à toute société avancée et qui veut se préparer à de nouveaux progrès; peut-on en douter? Les hommes n'acceptent de joug que pour le temps où ils le croient eux-mêmes salutaire.

On voit ainsi qu'il y aura toujours et partout, sous le quatrième état comme avant, lutte entre l'autorité et la liberté, entre ceux qui commandent et ceux qui doivent obéir : c'est la destinée de toute société majeure ou émancipée ; toujours on verra des gens réclamant plus de liberté, ce sera ceux qui sont en dehors du pouvoir, et d'autres qui n'auront jamais assez de pouvoir, ce sera ceux qui l'exerceront.

Pour prévenir les susceptibilités des uns et satisfaire à l'ambition des autres, on a admis de nos jours le suffrage universel, c'est-à-dire tout le monde participant au gouvernement de la chose publique. Les doctrinaires d'autrefois admettaient bien un contrôle nécessaire ; mais ils ne le voulaient que par des gens capables et comprenant suffisamment l'intérêt général et les nécessités publiques. On a cru que le nombre de ceux-ci était si limité, qu'on arriverait ainsi à fonder une espèce d'oligarchie, qui finirait un jour par perdre de vue l'intérêt du grand nombre pour ne distinguer que ses propres intérêts ; et il a été convenu que chacun était assez bon et assez capable pour se choisir des gouvernants à sa convenance : seulement, ce sont les gouvernants eux-mêmes qu'on n'a pu supprimer, et alors les difficultés ont recommencé.

Faut-il nous demander si nous sommes à notre époque en telle situation qu'il y ait utilité ou nécessité d'avoir un de ces gouvernements autoritaires, une de ces dictatures sans appel, qui n'admettent l'exercice d'aucune liberté ? selon Comte et son école, nous l'avons dit, quand une forme sociale meilleure que celle qui existait, est trouvée, et conforme à l'esprit des temps nouveaux, il faut un pouvoir fort pour l'imposer et mettre les opposants dans l'impuissance : en sommes-nous arrivés là dans la plupart des pays de l'Europe? Les socialistes de nos jours le prétendent; et comme ce sont eux qui veulent réformer, c'est à eux naturellement que doit appartenir le pouvoir : « Nous avons la raison pour nous, c'est à nous seuls que revient le droit. » Au fond, les autres partis n'ont jamais raisonné autrement. Mais ici la question est de savoir si, en effet, un nouveau monde s'est révélé qui soit comme une illumination universelle des esprits. Eh bien, en réalité, il n'y a accord à peu près général que sur certaines réformes pratiques, équitables, et même nécessaires, comme, par exemple, une plus grande protection pour la classe ouvrière, et un meilleur sort réservé aux déshérités des biens du monde; et même quant aux moyens d'atteindre ce but, ils sont divers, et chacun propose le sien, sans qu'il y ait entente générale à cet égard.

Il ne semble donc pas qu'on soit encore arrivé à l'une de ces phases de l'ère nouvelle où tout a été dit, où tout a été découvert, et où il n'y a rien à faire qu'à appliquer ou imposer une vérité trouvée. Ce qui reste constant plutôt, ce sont des intérêts en lutte, associés ou non, et tous plus ou moins considérables et respectables, qu'il faut tâcher de concilier par la liberté, tout en appelant le concours du pouvoir. Les dictatures qu'à certains moments on peut juger nécessaires, ou les gouvernements qui marchent avec les mouvements réguliers d'une machine, ne pourront jamais être que des exceptions; si le progrès pour se réaliser doit parfois s'imposer, pour naître il demande ses latitudes. La vérité qu'on proclame comme obligatoire, n'est souvent que la volonté ambitieuse ou intéressée d'un homme ou de quelques hommes.

Mais si l'heure de la dictature socialiste n'a pas encore sonné, semble-t-il, il n'est pas sûr, à d'autres égards, que les gouvernements de nos jours suffiraient éventuellement pour écarter les dangers, s'ils se produisaient, d'une société que le mal moral mine et désorganise; aux grands maux les grands remèdes, et pour les grands remèdes il faut une main ferme et rude.

On doit convenir qu'un excès de liberté pour lequel les générations actuelles ne semblaient pas préparées, a fini par amener dans certains milieux européens des résultats dont on commence à souffrir sérieusement. Notre société du xixe siècle, fille d'une révolution qui fut une réaction contre les iniquités, les abus de pouvoir, et les tendances mystiques des siècles passés, de libérale qu'elle avait voulu être politiquement, est devenue plutôt radicale et matérialiste, et cela par un concours de circonstances dont son principe n'était pas en mesure d'arrêter ou de modérer les conséquences dangereuses ou funestes. De là, les désordres de nos jours, l'impatience de tout frein nécessaire, la soif des plaisirs sensuels et grossiers, l'argent maître des choses, la brutalité des mœurs et le développement de la criminalité dans la classe ouvrière livrée à l'alcoolisme, enfin l'idéal abaissé et toute croyance éteinte. On ne peut prétendre que la liberté de tout dire, de tout écrire et de tout faire, qui a été dans les goûts du siècle, n'est pas étrangère à ces résultats, et l'on se demande si ce régime peut durer indéfiniment sans péril, ou si un coup de force ne sera pas un jour nécessaire pour arrêter un mal qui pourrait nous jeter hors de la civilisation.

L'autorité des gouvernements actuels, dans beaucoup de pays, semble, en effet, insuffisante s'il fallait réagir à la fois contre les mœurs nouvelles et les nombreux intérêts nés à leur suite et qui les soutiennent. Que pourrait aujourd'hui un pouvoir faible, timide, déconsidéré même, contre la coalition de ces intérêts et des licences prises? Les Chambres, les ministres, ne sont-ils pas dans la dépendance et à la disposition des électeurs, c'est-à-dire à la merci des foules aveugles, inconscientes, et entraînées, composées précisément de ceux qu'il faudrait réformer[1]? Les choses étant ainsi, on peut

1. Il résulte de récentes expériences, que le régime parlementaire lui-même semble vouloir se rendre impossible.

deviner quel serait le sort d'un tel pouvoir, s'il était condamné, en présence d'un péril social imminent, à entreprendre une œuvre de répression sérieuse et efficace. Une telle tâche ne pourrait s'accomplir que par un gouvernement fort, énergique et revêtu de pouvoirs extraordinaires, dégagé de tous liens encore, et entièrement libre de ses mouvements ; tel un Bonaparte, ce Jacobin de génie, reconstituant la société française au sortir de l'anarchie révolutionnaire... avec, en plus, la vertu et la grandeur d'âme d'un Washington.

Cette éventualité se présentera-t-elle ? Il y a cinquante ans qu'on en aurait rejeté bien loin la pensée ; aujourd'hui on peut hésiter à se prononcer. Le remède viendra de lui-même par l'excès du mal, dit-on, et sans qu'on doive, même un instant, répudier le régime de nos libertés ; ce n'est pas impossible et c'est à souhaiter ; mais ce n'est pas certain. Quoi qu'il arrive, au surplus, une chose est indiscutable, c'est qu'un pouvoir souverain, s'il était nécessaire, ne pourrait être que temporaire, comme la dictature chez les Romains, et qu'il ne rappellerait pas le bon plaisir des maîtres du passé ; c'est qu'il ne durerait que le temps indispensable pour faire les réformes nécessaires, et, en sauvant la société, pour la rétablir sur un pied meilleur, avec des garanties suffisantes pour l'avenir. Réagir contre l'égoïsme et la dureté d'en haut et réformer l'envie d'en bas, satisfaire mieux que de nos jours à cette double tâche, d'une part, protéger les honnêtes gens et aider les malheureux, et, d'autre part, sévir contre les brutes de toutes les classes et les exploiteurs de tous les régimes, voilà le rôle d'un dictateur tout à la fois bienfaisant et justicier, si quelque jour les circonstances l'imposaient à la société malade. Il y a peut-être un principe qui veut que de temps en temps, sous le régime de liberté, le corps social, comme le corps humain, soit purgé et assaini : ce serait là une œuvre hygiénique qui sauverait.

Mais quelque trompé que l'on puisse se trouver un jour par trop de confiance dans la liberté, le régime des gouvernements absolus a bien fait son temps et ne pourrait renaître. Le pouvoir d'un côté, la liberté de l'autre, continueront à lutter, avec des alternatives diverses, tout en concourant ensemble, même dans des vues égoïstes, à l'œuvre de la civilisation. La stabilité qu'on rêve quelquefois pour la société, est, sans doute, contraire au progrès, qui semble un des modes de la destinée humaine et dont le régime socialiste, pas plus que tout autre régime, ne sera le terme ni la conclusion finale.

PENSÉE DERNIÈRE

Ce qui caractérise la pleine vie de l'esprit, c'est la largeur des idées. L'homme primitif n'a guère que des notions concrètes ; le don de l'abstraction et de la généralisation lui manque ; son horizon est si restreint qu'il ne voit que les choses qui le touchent de près, sans soupçonner rien au delà ; il a un vague instinct de la vérité ; mais, dominé par ses sens, par ses attachements, ses passions, ou ses habitudes, il n'est accessible qu'à des idées étroites et exclusives. Ce n'est qu'à l'homme éclairé et civilisé qu'il est donné de passer des notions isolées aux vérités générales ; à mesure qu'il s'élève, son horizon s'étend, et à ses yeux se découvre ce qui sortait d'un point de vue trop borné : en religion, il voit la grande religion par-dessus les religions particulières ; en morale, les notions universelles par-delà les usages locaux ou les traditions privées ; dans la société, il élève progressivement ses attachements et ses idées, de la famille ou de la tribu à la patrie, puis de la patrie à l'humanité entière. Plus la largeur des idées grandit avec la civilisation, plus l'opposition des choses s'efface; quand on voit le monde de haut, il n'y a plus que les grandes sommités qui subsistent, la confusion des détails disparaît.

TABLE DES MATIÈRES

	Pages
La Vie et la Mort.	1
I. — La Vie dans la Nature.	9
II. — L'Homme physique.	15
III. — L'Homme et la Pensée.	19
IV. — Passage de l'Animalité à l'Humanité.	24
V. — Le But à atteindre et le Progrès social.	39
La Mort et l'Au-delà.	47
Les premiers Hommes.	69
Les Sauvages de nos jours.	85
Le Progrès est-il le Bonheur?	91
La Famille, la Patrie et la Religion.	101
L'Ordre social par l'Autorité et la Liberté.	111
Pensée dernière.	125

Paris. — Typ. Chamerot et Renouard, 19, rue des Saints-Pères. — 36153.

PUBLICATIONS DE LA LIBRAIRIE PERRIN ET Cie

HELLO (Ernest). — **L'Homme.** La vie, la science, l'art. Ouvrage précédé d'une introduction par M. Henri Lasserre. 3ᵉ édit. 1 vol. in-16. . . . . 3 50

— **Le Siècle.** Les Idées et les Hommes, avec une préface de M. Henri Lasserre. 1 vol. in-16. . . . . 3 50

SERRE (Joseph). — **Ernest Hello.** L'homme, le penseur, l'écrivain. 1 vol. in-16, avec un portrait en taille-douce. 3 50

O'MEARA (Katlleen). — **Frédéric Ozanam**, sa vie et ses œuvres, précédées de quelques pages inédites de Mᵐᵉ Augustus Craven, née La Ferronnays. 1 vol. in-12. . . . . 3 50

COCONNIER (R. P. Marie-Thomas). — **L'âme humaine.** Existence et nature. 1 vol. in-12. . . . . 3 50

ROTOURS (Angot des). — **La morale du cœur.** Études d'âmes modernes, avec une préface de M. Félix Ravaisson. 1 vol. in-12. . . . . . 3 50

BREMOND D'ARS (Le Comte Guy de). — **La vertu morale et sociale du christianisme.** 1 vol. in-12. . . . . 3 50

— **Les temps prochains.** La guerre. — La femme. — Les lettres. 1 vol. in-12. . . . . 3 50

ROD (Édouard). — **Les idées morales du temps présent.** — Ernest Renan. — Schopenhauer. — Emile Zola. — Paul Bourget. — Jules Lemaître. — Edmond Scherer. — Alexandre Dumas fils. — Ferdinand Brunetière. — Le comte Tolstoï. — Le vicomte E. M. de Vogüé. 5ᵉ édit. 1 vol. in-12. . . 3 50

— **Le sens de la vie.** Ouvrage couronné par l'Académie française, prix de Jouy. 10ᵉ édit. 1 vol. in-12. . . . . 3 50

SÉAILLES (Gabriel). — **Ernest Renan.** Essai de biographie psychologique. 2ᵉ édition. 1 vol. in-16. 3 50

— **Léonard de Vinci.** — L'artiste et le savant (1452-1519). Essai de biographie psychologique. 1 vol. in-8 orné d'un portrait en héliogravure. . . . 7 50

DUCROS (Louis). — **Diderot.** L'homme et l'écrivain. 1 vol. in-16. . . . 3 50

GRÉGOIRE (Léon). — **Le pape, les catholiques et la question sociale.** 2ᵉ édition, refondue, précédée d'une lettre de Son Em. le cardinal Langénieux, archevêque de Reims. 1 vol. in-12. . . . . 3 »

NICOLAY (Fernand). — **Les enfants mal élevés.** Étude psychologique, anecdotique et pratique. 1 vol. in-12. 15ᵉ édition. 3 50
Ouvrage couronné par l'Académie des sciences morales et politiques.

DOUMIC (René). — **Écrivains d'aujourd'hui.** Paul Bourget. — Guy de Maupassant. — Pierre Loti. — Jules Lemaître. — Ferdinand Brunetière. — Emile Faguet. — Ernest Lavisse. — Notes sur les Prédicateurs : Monseigneur d'Hulst, etc. 1 vol. in-12. . . . . 3 50

— **La Vie et les Mœurs** au jour le jour. 1 vol. in-16. . . . . 3 50

MAZZINI (Joseph). — **Lettres intimes de Joseph Mazzini**, publiées avec une introduction et des notes par M. D. Melegari. 1 vol. in-16. . . . 3 50

JOUBERT. — **Œuvres de J. Joubert.** *Pensées et correspondance*, précédées d'une notice sur sa vie, son caractère et ses travaux, par M. Paul de Raynal et des jugements littéraires de Sainte-Beuve, Silvestre de Sacy, Saint-Marc Girardin, Géruzez et Poitou. 8ᵉ édition, 2 vol. in-12. . . . . . . 7 »

Le volume de *Pensées* se vend séparément. 3 50
— — *Correspondance* se vend séparément. 3 50

Paris. — Typ. Chamerot et Renouard. — 36153

www.ingramcontent.com/pod-product-compliance
Lightning Source LLC
Chambersburg PA
CBHW060153100426
42744CB00007B/1010